U0530436

高效签单

销售的本质是
洞悉客户心理、赢得信任

乔中阳 著

中国华侨出版社
·北京·

图书在版编目（CIP）数据

高效签单 / 乔中阳著.—北京：中国华侨出版社，2023.2（2024.8重印）

　　ISBN 978-7-5113-8905-3

　　Ⅰ．①高… Ⅱ．①乔… Ⅲ．①销售－通俗读物 Ⅳ．①F713.3-49

中国版本图书馆CIP数据核字(2022)第175607号

高效签单

著　　者：	乔中阳
责任编辑：	姜薇薇
封面设计：	何家仪
经　　销：	新华书店
开　　本：	700mm×980mm　1/16开　印张：18.75　字数：239千字
印　　刷：	北京盛通印刷股份有限公司
版　　次：	2023年2月第1版
印　　次：	2024年8月第6次印刷
书　　号：	ISBN 978-7-5113-8905-3
定　　价：	59.00元

中国华侨出版社 北京市朝阳区西坝河东里77号楼底商5号 邮编：100028
发 行 部：(010) 59417749　传真：(010) 59419778
网　　址：www.oveaschin.com
E-mail：oveaschin@sina.com

如发现图书质量问题，可联系调换。质量投诉电话：010-82069336

序

我擅长表达，这是我很早就发现的事情。我在学生时代就可以把任意一篇文章迅速地用自己的话概述出来，所以我一直把我在销售领域的成功归因为我自身的天赋，并且长期窃喜。可当我连续五年蝉联集团的销售冠军，后来长期给多家500强企业的员工做销售培训时才发现，一个人的口才并非最关键的因素。能说不等于会说，会说不等于说得准，说得准不等于说得动。

我在近五年的培训中遇到的大多数学员更关注的是自己能说什么、想说什么、该说什么，而不是客户想听什么。这样的销售方式听起来更像是追求一种自我满足、自我陶醉、自我感动，他们往往觉得"我已经把话说得够漂亮、够全面了"，但实际上并不会对销售的结果产生什么积极影响。所以，我在做分享时一直郑重而严肃地告诉所有人：真正顶级的销售并不是一个"说"的过程，而是一个"听"的过程。你要听一听客户的弦外之音，更要听一听客户"一面之词"背后的真相，只有这样，你才能给客户提供更加适配的价值。

总的来看，我把这样的销售模式叫作"先听后说"。

2020年6月，深圳一家保险公司邀请我给他们的销售团队做销售流程培训。开始时我是拒绝的，一是那个月份的工作已经排满，二是疫情防控期间出行不便，可拗不过这家公司领导的一再邀请，我还是应邀前往了。

按照常规培训流程，在授课之前我要对他们的销售人员做一次问卷调查，问卷中"你最想听到的培训内容是什么"这一项让我至今印象深刻。500名参训人员中，有超过400人填写的是"如何把产品介绍得更加精彩""如何让自己变得情商高""如何让自己变得能言善辩"，等等。看到这个结果我马上跟他们的老板通了个电话，我无奈地跟他说，不知道从什么时候开始，把产品介绍得精彩竟然也算是一项关键的销售技能了。

老板哭笑不得。

后来，我用了三天的时间对他们进行指导，让整个公司的业绩在下个月翻了一倍。听到这儿你可能会觉得难以置信，会质疑我是怎么做到的，在这里我跟大家坦白，其实很简单，那三天我只是在反复给他们传递一个核心观点："销售的表象是沟通，而销售的本质是对消费者心理的洞察。"

也许很多人会以为这只是这一家公司的情况，但实际上，这就是整个销售市场的现状。成为销售培训导师的这五年，我接触了超过10万名一线销售人员，在我看来，大部分销售人员做不出业绩，并不是因为情商低、性格内向、反应缓慢、口才不好等，而是因为还没有"开窍"，没有找准方向。

能否"开窍"的关键就在于你是不是比别人更懂消费者的心理。这个世界上真正赚到钱、有结果的人，往往都是对人的心理有洞察力的人，而大多数销售人员在跟客户接触以后，往往会迫不及待地输出产品的功能、产品的性价比、产品优势等,还没等客户反应过来,又恨不得先从客户的银行账户里划出一笔钱。可问题是,你都没有弄清楚客户的需求是什么、出发点是什么,客户怎么会听你的介绍呢?

时代不一样了,如今的销售并不像原来那样简单,销售人员说什么,消费者就听什么;如今的消费者有更多的信息来源,有更多的产品参考,有更多的产品渠道。人们变得更加理性,更加具备冷静分析的能力;人们宁愿相信自己的感受,也不愿意相信销售人员的"一面之词"。如果你想在销售行业里有所作为,就请把你的关注重点转移到客户的感受层面上,先给客户带来好的感受,客户才会相信你能给他带来好的产品。

客户的感受就是作为销售人员的你给的,因为感受是由人与人之间的沟通和了解促成的。我常说的"先人后事"就是这个道理,只有你才能给客户带来感受,这跟产品好坏关系不大,正如我的销售总则一样:"如果我不能确定客户是否接受我或者信任我,产品推介的工作就没有任何意义。我跟客户说我们的产品 100 分,这话是从我嘴里说出来的,如果客户不相信我,那无论产品有多少分,在客户看来我说的都是假的。"

如果你的个人形象没有在客户心里立住,你将产品介绍得再精彩,也是毫无意义的。

在这本书中,我推行"先人后事"的理念。在当下的互联网时代,客户们对自我感受越来越重视,这个理念必将更加有效。无论你是做传统的面对面销售,还是通过互联网链接客户,你都应该去了解销售的新思维、新逻辑——讲究"以人为本",讲究"让个人 IP 走在产品 IP 的前面",真正厘清销售的次序。

在这本书中,我还将分享让我的 10 万名学员和数百家企业有效提高销售业绩的核心方法:如何从销售定位着手,锚定你在客户心中的形象、位置,建立不可动摇的信任,为后续的成交铺路;如何让情绪成为工具,在理性的语言很难说服客户的情况下，理解客户的"情绪脑"，击中客户的痛点；如何在正式的销售流程开始前就化解潜在的成交危机，不做无用功；如何快速分辨不同的客户类型，有的放矢，快速说服客户。

除了打动人心的"销售之道"，还有一些拿来就能用的小技巧：怎样沟通和谈判，怎样用故事打动客户，怎样用核心话术引导客户快速成交，怎样用语言迅速化解客户的对抗情绪……相信这些核心方法，是每个销售人员能够"当场使用、当场有效"的。

这本书的写作耗费了我整整两年时间，或许还有诸多不足，但的确是我极具诚意、毫无保留的经验之谈，希望可以帮助到所有的同行。

最后，我想说的是，虽然我们无法选择我们人生的起点，但现在我们选择成为一名销售人员，我们的选择真的是太棒了！

目录

01 第一章
销售定位：找准自己的立场和身份

角色定位：不要时刻想"成交" 003
  认可自己的角色：为什么选择做销售 004
  如何迅速进入销售人员的角色 005
立场定位：以怎样的心理面对客户 007
  立场一：我是来帮助您的 008
  立场二：我为您提供专业的判断 010
姿态定位：把握主导权 012
  姿态一：我不会纠缠不休 012
  姿态二：我可以帮您进行分析 013
  姿态三：我就是最专业的 014

02 销售新思维： 别让"传统套路"困住你

第二章

传统固化的销售思维 VS 新销售思维	019
销售人员必须掌握的新销售流程	021
改变传统获客模式	023
方式一：我们找别人	024
方式二：让别人找你	025
客户细分和分类，掌握客户的选择价值	027
客户细分	027
客户分类	028
根据客户类型，确定开发顺序	030
销售线索：找到谈判的切入点	031
解决约访障碍：客户为什么不见你	035
障碍一：成本	035
障碍二：怀疑	037
障碍三：压力	039
障碍四：失控	040
障碍五：竞争	041
销售铺垫阶段，如何运用"植入销售"策略	043
"植入销售"策略 1：将经济条件植入销售	043
"植入销售"策略 2：将工作原因植入销售	046
销售中的前期引导环节	048
前期引导 1：分析市场环境，把握客户的心理	050

前期引导 2：了解客户处境，进行自我澄清　　052

前期引导 3：建立平等的关系　　055

03 第三章
掌控情绪：
精准洞察客户的心理

做一个能够掌控情绪的销售人员　　061

端正自身的心态，理解客户心理　　063

理解客户的心态　　066

掌握客户的心理变化　　068

两把钥匙，把握客户的情绪　　071

客户拒绝怎么办？用朋友的立场说服他　　074

  像朋友一样适当地发脾气，反而能留住客户　　075

  适时展示强势的性格　　076

给客户创造尽可能安全的成交环境　　078

  舒缓销售人员和客户的冲突　　078

  用情绪树立自己的立场　　079

  以退为进拉近客户距离　　080

战术同理心：让客户把你当成同盟者　　082

  巧用战术同理心　　082

  减少责任的背负　　083

04 铺垫流程：
提前化解潜在障碍

第四章

摸清客户的底牌，化解潜在障碍　　089
　　谨慎"排雷"，挖掘客户隐藏的信息　　090
　　与客户深层沟通　　091
尽可能挖掘更多细节　　093
"反刺探"提问：挖掘客户信息，掌握报价主动权　　095
　　"反刺探"提问　　096
　　解析对方的答案　　097
　　进入报价环节，必须把握节奏　　098
四个步骤完成产品介绍　　099
　　制造平衡点：客户对产品不满意怎么办　　100
　　打破平衡点：剖析可能存在的问题　　104
　　修正平衡点：给出解决方案，树立好的形象　　106
　　塑造价值点：让客户看到你的价值　　109

05 建立信任：
维护关系是成交的前提

第五章

说服客户的本质是什么　　115

- 第一个层面：产品要素 ... 115
- 第二个层面：关系维护 ... 116
- 第三个层面：感受信任 ... 116
- 销售的本质是建立信任 ... 117

建立信任的底层逻辑 ... 119
- 客户的防备心，源于我们的对立关系 ... 119
- 把买卖关系换成信任关系 ... 120

维护信任，需要注意的三个重点 ... 122

情感信任：感性的表达更能打动人 ... 126

行为信任：如何说话和做事才能获取信任 ... 129
- 不一般的"一般般" ... 129
- 找到产品的一个缺陷 ... 130

了解客户过往的经历，再去打动他 ... 132
- 第一点：了解 ... 132
- 第二点：判断 ... 133
- 第三点：谨慎 ... 134
- 第四点：尊重 ... 135

学会借力，铺垫自己的"可信赖人设" ... 136

由外及里影响对方，建立信任 ... 139
- 第一个维度：宏观维度 ... 139
- 第二个维度：中观维度 ... 141
- 第三个维度：微观维度 ... 142

掌握信任公式：如何让客户愿意听你说话 ... 144
- 第一步：向客户传递你的"善意动机" ... 145
- 第二步：向客户展示你的能力 ... 147

第三步：持续稳定地输出你的能力　　　　　　147
　找到你的信任背书　　　　　　　　　　　　　　149

06 高效沟通：用心理策略打动人　　第六章

四种沟通技巧，让谈判更顺利　　　　　　　　　155
　沟通技巧1：把握对话的黄金期　　　　　　　　156
　沟通技巧2：勇于表达内心的想法　　　　　　　157
　沟通技巧3：塑造自我专业度，提前设计沟通内容　161
　沟通技巧4：为自己贴上标签　　　　　　　　　163

少讲产品，多关注情绪　　　　　　　　　　　　166
　让客户产生紧迫感　　　　　　　　　　　　　166
　让客户有掌控感　　　　　　　　　　　　　　167

销售沟通，要有"布局思维"　　　　　　　　　170
　预设可能出现的情况　　　　　　　　　　　　170
　布局时也要注意细节　　　　　　　　　　　　171

07 掌握故事力：一个故事就能促进成交
第七章

故事要有代入感 　　　　　　　　　　　　177
好的故事可以引出客户的潜在需求 　　　　179
让客户参与到故事中 　　　　　　　　　　183

08 成交话术：拿来就能用的对话公式
第八章

如何做开场白 　　　　　　　　　　　　　189
　　站在客户的角度思考问题 　　　　　　　189
　　说出客户最想听的话 　　　　　　　　　190
　　沟通之前要做好准备 　　　　　　　　　190
切入产品的三类话题 　　　　　　　　　　192
四种核心话术促进销售成交 　　　　　　　194
　　核心话术 1：分清意见和事实 　　　　　194
　　核心话术 2：把障碍模糊化 　　　　　　195
　　核心话术 3：坚持立场，避免附和 　　　196
　　核心话术 4：假装示弱 　　　　　　　　197
顺势而为，制造沟通时机 　　　　　　　　200

好的销售人员要学会顺势而为　　　　　　201
　　激发客户的好奇心　　　　　　　　　　　201

学会化解情绪和利用情绪　　　　　　　　　203
　　如何化解客户的坏情绪　　　　　　　　　203
　　如何让客户心甘情愿接受你的建议　　　　204

站在客户的角度说服客户　　　　　　　　　207
　　抛开产品本身，从客户的角度切入　　　　207
　　提到别家的产品，达成成交目的　　　　　209

让客户快速理解你表达的意思　　　　　　　211

把握影响及时成交的两大因素　　　　　　　213
　　影响及时成交的因素——消费冲动　　　　213
　　影响及时成交的因素——他人意见　　　　214

提问引导：化解客户的对抗心理　　　　　　216
　　认知偏差导致客户存在对抗心理　　　　　216
　　从"律师机制"到"科学家机制"　　　　217

如何治好客户的"拖延症"　　　　　　　　219

有效成交：提前培养客户的付款心态　　　　223
　　在前期沟通中扫清付款障碍　　　　　　　223
　　不断影响客户的想法，引导客户下单　　　224

09 拆解客户类型，轻松说服任何人

第九章

如何应对随声附和型客户　232
　　随声附和型客户的特征　232
　　应对方案一：主动询问客户不购买的原因　233
　　应对方案二：解答客户的真实疑惑　234
　　应对方案三：主动推动客户进行决策　235
　　应对方案四：策略性地放弃　235

如何应对强装内行型客户　237
　　强装内行型客户的特征　237
　　应对方案一：假装认同并提出新观点　238
　　应对方案二：找到客户对产品认知的漏洞　239
　　应对方案三：为客户解围并趁机推进成交　240

如何应对虚荣型客户　241
　　虚荣型客户的特征　241
　　应对方案一：让对方感受到充分的精神满足　242
　　应对方案二：给客户描绘一个很大的愿景　243

如何应对理智型客户　244
　　理智型客户的特征　244
　　应对方案一：保持严谨和礼貌，展现自己的诚实　245
　　应对方案二：坚持客观立场，情绪不要有任何波动　246
　　应对方案三：强调产品的实用性，给客户充分算账　247

如何应对冷漠型客户　248

  冷漠型客户的特征   248

  应对方案一：态度不卑不亢   248

  应对方案二：用产品特点引起对方好奇心   249

  应对方案三：客户感兴趣后再介绍产品   249

如何应对好奇心强烈型客户   251

  好奇心强烈型客户的特征   251

  应对方案一：满足客户的好奇心   251

  应对方案二：肯定并加深客户的喜爱   252

  应对方案三：提供创意性的附加值   252

如何应对粗鲁型客户   254

  粗鲁型客户的特征   254

  应对方案一：展示自己的不卑不亢   255

  应对方案二：缓解客户的抵触情绪   255

  应对方案三：远离成交，卸掉对方的防备心理   256

如何应对挑剔型客户   258

  挑剔型客户的特征   258

  应对方案一：放慢成交进度，展示放弃利益的态度   258

  应对方案二：从客户的角度出发表达他的疑虑   259

  应对方案三：注重售后的完善性   260

10 跟进客户"三板斧" —— 总结

第一板斧:"身份定义",把自己当成风险规划师   265
    你真的是销售人员吗   265
    把自己当成风险规划师   267
    站在客户的角度说话   269

第二板斧:如何恰到好处地挖掘客户需求   270
    把握"你需要"原则   270
    挖掘需求的方法一:讲案例   272
    挖掘需求的方法二:畅想未来   274
    挖掘需求的方法三:讲故事   275

第三板斧:让客户最后选择你   277
    第一种方法:主动对比   278
    第二种方法:抓漏洞   279
    第三种方法:晒增量   280

01

第一章

销售定位:
找准自己的立场和身份

角色定位：不要时刻想"成交"

一个销售从业者，在正式开始销售之前，切记不要考虑"这个单子我能获利多少""我的利益变化范围"，以及"实际收益是多少""赚了钱我能买什么"这类问题。

客户跟销售人员之间客观存在着一种微妙的利益关系——你赚的钱是客户花的钱。我们经常讲"自古买卖两条心"。但是，当你把自己的利益从这种关系中剥离，你就能最大限度地站在客户的立场考虑问题，销售好像就不那么难了，所以，无须时时刻刻把"成交"记在心上、挂在嘴上，毕竟这是你无法完全控制的。所有的"成交"都是建立在坚固的沟通基础上的，因此无须过度地判断自己所面对的客户的心理状态，也不用过分关注销售结果，你先要做的就是摆好自己的位置和立场。

我们可以从以下几个方面来进行定位：第一，销售角色的定位；第二，销售立场的定位；第三，销售姿态的定位。

在本节中，我们先聊聊销售角色的定位。

认可自己的角色：为什么选择做销售

提到角色定位，很多人会说："这不就是我们的职位、我们的身份吗？我们的角色就是销售人员啊！"其实不然。真正的角色定位是你对自己所处行业的态度、信心和重视程度，以及你自己拥有的格局。它应该是一种自我认知，即你通过自己的专业能力能为客户带来怎样的改变。

说到销售角色的定位，首先要明确销售在这个时代的重要性。对于一家企业来说，利润决定生死，规模决定大小，机制决定长久，文化奠定百年。而销售恰恰是这四者的结合体，它既是绝对利益的产出，又是绝对利益的输入，所以作为销售人员的你对于一家企业来讲是绝对重要的角色。

人在一生当中有很多选择，但也有很多东西不能选择。我们无法选择出身，无法选择父母，无法选择我们人生的起点，但是当我们长大成人、步入社会以后，就会发现自己可以选择恋爱对象，可以选择行业，可以选择职位……而现在，你选择成为销售员，我想告诉你，你的选择太棒了！

我曾经在某平台上，看到过华为总裁任正非的女儿孟晚舟女士给大学生做的一次演讲。其中，她说的一个点很能引起共鸣。她说，在这个互联网人工智能的时代下，很多人工都被智能和数据代替，所以当你选择一个职位的时候，最好找一个人工智能无法代替的工作。仔细思考一下，销售人员这个角色不正是人工智能代替不了的角色吗？因为销售人员面对的所有客户都是独立的个体，有七情六欲，有情绪起伏，有自己的思维意识，而人工智能很难拥有与人类同样水平的共情能力和人性，它们很难与客户达成合作，但销售人员可以做到这一点。因此，销售人员这个角色是职业领域的上佳之选。

在说服客户前，认清自己的角色，明确做销售人员的理由，认可自己从事的职业，这是很重要的。角色定位虽然看起来只是个常识性的问题，但很多销售人员至今没有弄懂。如果你面对客户时表现得战战兢兢，面对公司领导时表现得唯唯诺诺，其根源都是你还没有清楚地认识到自己的角色有多重要、作用有多大，这就导致你在工作的时候没有足够的底气。而这种底气不是公司领导给你的，也不是企业的品牌赋予你的，这种自信是你从自己的销售经历中汲取、积累的。

认可自己作为销售人员的角色，是所有销售工作开展的前提。

如何迅速进入销售人员的角色

我在做销售的时候，公司的销售冠军是一个女孩，开小单的时候特别牛。那时候的产品每单是990元，在其他人每个月开单量都是个位数的时候，她每个月却能开三十几单。我对此很好奇，觉得她长得也不是特别漂亮，口齿也没有那么伶俐，思维表达能力更没有什么过人之处，为什么就能够开出这么多单子呢？按照"狼性销售"的说法，我当然不会服气，之后便做了一件如今大家都可以模仿的事情——先去她的身边听她怎么跟客户沟通。

当时我们做的是电话销售，她在座位上打电话，我就在她身后听，听懂了就用，用熟了以后就加入自己的话术。没过多久，我的业绩就超过了她。关于我是如何做到这一点的，我总结了三个方法。

第一，复制。

首先，你要找到所在公司最牛的销售同事。这个"牛"不是指他/她做了多少业绩,而是最终赚了多少。毕竟做销售还是要以赚钱为结果导向,而赚钱的效率自然就是衡量一个人销售能力的一大标准。找到这个"牛"人后,便要关注对方的言行举止。你可以把对方说过的有用的话一一记录下来,毕竟那些言论都是经过验证的。

第二,组装。

要对收集回来的所有话术进行整理。无须原稿背诵,但要仔细研究其实际意义。这句话为什么要这样说?好处是什么?弄清楚后再根据自己平时说话的方式把别人的话重新排序,把别人的思维和话术融入自己的表达风格中。

第三,超越。

做到上面的两点,你已基本形成了具有个人特色的销售风格,这种风格不再只有你的个人思维,而是取他人精华,合二为一。

接下来,你便要再找一个对标对象,用同样的方式复制、组装,以求超越第一个对标对象。值得一提的是,不论找到几个对标对象,你都不能放弃自己的风格,因为只有你自己的风格才是由内而外最真实的、最好把握和维持的,再强的对标对象都只是你成功路上的垫脚石,好的销售人员从来不做"复读机"。

有人说:"我之所以能用很短的时间超越同事,凭借的是一种气势和霸气,这是我的自我要求。"而我认为所有的销售人员都应具备这种气场。也许这种气势在工作初期可能是盲目的、无缘无故的,但这是底气和自信的来源。

立场定位：以怎样的心理面对客户

以我个人的经验来看，销售的立场其实就是销售思维的基础。它与角色定位一样，是一名合格销售人员的"底子"。

简单来说，立场定位就是当你站在销售人员的位置上，该以怎样的姿态去面对客户。这对销售工作来说是非常重要的，搞清楚这个基础问题，我们才能走好后面的路。因此，我会详细地讲解销售立场这个问题。在此之前大家一定要明白，它不是一个不言自明的内容，而是我结合自己的经验，为大家设计出来的、能够贯穿整个销售思路的基础。

在正式讲解销售立场定位之前，不论你是经验老到的销售人员，还是涉世未深的行业小白，请思考一个非常重要的问题——在开始销售的时候，你通常是以什么样的立场去面对眼前的客户的？是以一个推销者的立场、一个朋友的立场，还是以能够为对方提供帮助的立场去进行沟通的？

很多销售人员都知道在客户面前要表现得有自信，要有底气甚至是硬气。然而道理容易懂，实际操作起来感觉却很难，想要表达的东西根本表达不出来。究其原因，是你在整个话术层面、表达层面的能力不足。

因此，想要在客户面前有好的表现，就要在进入销售开场的阶段之前想清楚一个逻辑，即你先在客户心目中形成什么样的立场，他就会根据你给他的立场形成自己的立场，从而决定如何对待你。

立场一：我是来帮助您的

在此我给大家举一个销售开场的案例。很多销售人员跟客户这么说："张总，我是某某公司的小王，今天给您打电话，主要是想向您推介一下我们公司的某某产品，请问您这边有需要吗？我们的产品能满足您某方面的需求，能解决该方面的问题，如果您这边有需要的话请先加一下微信，有任何问题随时跟我联系。"当你说完这段话，那么此时你的立场是什么？没错，就是推销者。

我曾说过，这个世界上没有人喜欢被推销。所以当你以推销者的立场出现在客户的面前时，你必然处于一个卑微的、服务性的，甚至是有求于客户的状态。你要懂得真正的底层逻辑——客户永远是做决定的那个人，而你则是等待他做决定的角色，这是一个完全被动的状态。很多销售人员明知道在客户面前要有绝对的底气，但是进行销售的时候依然会说出最没有底气的话，其原因就是没有定位好自己的立场。

所谓的在别人眼里的硬气，绝对不是指语言上的强硬，而是通过夯实立场，进而从根本上去解决这个问题。如何说话才能够清晰明确地表达出自己的立场？答案就是——为自己树立一个专业的立场，然后再跟客户对话。在这个立场中，你作为一个专业的从业人员，你的身份跟客户是平等的，你与客户是共同面对、探讨问题的合作关系。

那么销售人员的第一句话到底应该怎么说？

"张先生，我觉得我可以帮到您。"这一句话说出来，不管是用何种语气，都能尽显你的诚意，体现你的立场，你是来帮助他解决问题的。以这样的立场出现在客户面前，身份自然不会低到哪里去。仔细斟酌这其中的差别：一个是传统销售思路中常说的"张先生，请问您需要吗"，另一个是我所传递的"张先生，我觉得我可以帮到您"。相较之下，哪种方式更能体现销售定位的作用？

现实中，仍然有很多销售人员还在一直问客户："您需要吗？您需要吗？您需要吗？"要知道，当你说出这句话的时候，你的立场就已经被客户定义好了，你仅仅是一个推销员而已。这导致的结果就是，你在客户的眼里永远不会有任何话语权。他今天心情好，可以尊重你；明天心情不好，便完全可以不理你，因为你只是一个眼里只有金钱的推销员，这个世界上从来不缺蹩脚的推销员！

作为一个客户，他每一天能接到无数个类似的电话，为什么偏偏要选择你呢？然而只要你改变一下话术，把"您需要吗"换成"我可以帮到您"，尽管想表达的意思是一样的，但第二种表达带来的效果要远远好于第一种。因为这两种表达方式，一个是恳求对方，另一个则是帮助对方。当你选择了第二种方式去做开场白，必然会取得意想不到的效果。

试着回忆一下自己曾经的语言表达风格是什么样子的，讲的又是什么内容，对比之下你就会知道，我们完全可以以这样的方式扭转局面。一个房产销售人员给客户打电话时，是说"我是某房产公司的，您需要房源吗"，还是说"知道您在看房，我可以帮到您"，差别是很大的。仅仅一句话，却呈现出两种截然不同的沟通局面和效果。

立场二：我为您提供专业的判断

接下来，是销售人员要说的第二句："您需要像我这样专业的人先替您做一个判断。"分析一下这句话的意思：不论对方是不是需要你的产品，也不管对方买不买你的产品，你首先要传递的信息是自己的专业性。这不是向对方推销东西，更不是非要让对方买产品，仅仅就是"我能先帮您判断一下"。对于客户而言，不过就是帮助自己做一个专业的判断而已，又不会有什么损失，对吧？在我的以往经历中，会把所有类似的内容融入话术中。然后我在与别人进行沟通的时候，就能够在无形当中将自己的立场定位清楚——我的身份就是一个"帮忙的"。对方即便脾气再不好，也不会把我逐出门外；即便态度再傲慢，也不会不把我当回事，因为我说了"我可以帮到您"，哪怕不买我的东西，我也可以"帮您做个判断"。

举个例子，你从事的是美容行业，想要根据客户目前的皮肤状态进行推销，但是又不想说"我们的某种产品能给您带来什么样的效果"，那么该怎么办呢？

如果是我，我会对她讲："我可以从专业的角度先帮您做一个判断，看看您的皮肤到底出了什么样的问题，然后我们再去想办法解决这个问题。"试着感觉一下你就会发现，从这种角度去沟通，就完全能够将敏感的销售人员的身份清空。这样讲话的作用也在于此。而且这句话所表达的含义也完全可以把我们支撑起来，让销售人员与产品的关系看上去没有那么近。如果销售人员跟自己的产品关系不近，那么与他关系更近的就只有一种可能，那就是客户。

"我可以帮您做出一些判断"，这个"判断"源自一个专业的角度。

相较于"我们的产品能帮你解决什么样的问题""我们的这个产品能为您带来什么样的改变",前者在整个沟通情绪及环境上,都显得更加缓和,更容易让人接近。而且这句话凸显的是"专业"和"帮助",传递出了"我在这个行业里非常专业"的信息。

通过专业的角度帮客户去做判断,能够让接下来的沟通衔接变得非常顺畅。你可以非常自然地向客户指出皮肤存在哪些问题,问题的根源又在哪里。切记,当你得出皮肤问题的结论以后,就可以在描述问题的阶段基于专业角度做出提醒:"您现在的情况如果不及时处理的话,会越来越严重,皮肤会非常暗淡,甚至有可能会毁容。"当然,这其实是一个非常激进的推进手段。

在客户面前,不要表现得只有"让人家买你的东西"这一个目的,而是要通过在客户面前不断树立自己"帮忙"和"专业"的立场,不断告诉客户自己跟他沟通的目的,来淡化销售的成交目的。无论对于哪个行业的销售,这一点都很有帮助。比如做股票行业的销售,当你面对客户的时候,先不要急着给对方推介产品,而是应该去跟客户谈:"您手中目前有什么样的股票?我来先帮您做一个专业的判断和分析。"这种方式没有直接奔着结果而去,还利用话术把成交目的淡化了,并把自己从推销的敏感关系中剥离出来,让客户觉得这是专业人员为他做一个判断,仅此而已。

姿态定位：把握主导权

所谓销售姿态，其实就是要体现销售人员对客户的存在价值。你要让客户知道，你能给他带来好处。那么在与客户的沟通中，要如何确定自己的姿态呢？重点在以下三个方面。

姿态一：我不会纠缠不休

作为销售人员，你可以这样说："如果无法帮到您，不用您说，我自己就会退出的。"通过这句话，你可以向客户表达这样一层意思，即如果自己没有价值，就不敢打这样的包票。这足以证明你对自身价值是有信心、有底气的，同时也能从侧面告诉对方：我的态度非常清晰明确——我在你身边就是为了帮助你、服务你，我的存在对你来说很有价值，否则我会自动退出。值得一提的是，这里强调的价值不是指产品的价值，而是销售人员个人的价值。这就是在表现自己的姿态。

作为销售人员，如果不能给客户带来价值，就要主动离开，不再继续打扰客户、浪费彼此的时间。从客户的角度看，能说出这种话的人，绝对是一个了解自己能力、对自己的价值非常有自信的人。表面上，"不用您说，我自己就会离开"是在把自己往外"推"，但事实真是这样吗？当然不，这其实是往里"拉"的状态。因为你越是这样说，客户反而会离你越近。毕竟在正常的思维里，一个没有价值的人，一个对自己的价值不够自信的人，永远不会跟客户说这句话。其实如果客户不需要你，结果不外乎两种，要么自己退出，要么被客户拒绝。只不过一个自信的、能够主动站出来说这句话的人，一定能够在客户心里留下比较特殊的印象。

把这种姿态带进房产行业也是一样的："张总，先跟您解释一下，跟您沟通绝对不是非要让您买房子。当然作为销售人员，我希望您最后能够选择我，毕竟我是靠这个养家糊口的。但前提是，我对您必须有价值。如果在房产市场当中，我不能给您带来丝毫的价值，那么我说的话就没有任何意义。您也不会让我赚到这份钱，因为我没有价值。您说对吧？"这样与客户沟通，既没有强求客户，又不会把自己的姿态放得过于卑微，足以表现自己的姿态。这种姿态从某种程度上来说，就是销售人员的底气，而由这份底气产生的外化磁场，绝对能够感染你的客户。

姿态二：我可以帮您进行分析

进行到这一步，你就可以这样对客户说："我可以帮您做一下分析。即便您不选择我，之后您面对我的其他同行的时候，也能做到心中有数。毕竟我跟您多说一点，您就能多知道一点，多总比少要好。"这句话完全能够体现出一个销售人员的格局及对待成交与否的淡然。而且越是这样，客户对你就越放心。毕竟在所有消费者的眼里，被动的销售永远比主动的销售看起来更可靠。

姿态三：我就是最专业的

在以上内容中，出现了一些高频词汇，比如"专业""帮助"等。那么为什么它们在话术中要高频次地出现？原因很简单。作为销售人员，你要知道一个基本的真相，就是"隔行如隔山"。即便这位客户的社会地位再高，拥有的财富再多，也打不破"隔行如隔山"的规律。在你所在的行业里，他也得向你咨询事情，对吧？所以你必须端正自己的姿态，化被动为主动，这是层面之一。层面之二，姿态决定了你的沟通内容，所有沟通内容都要围绕着你的姿态。

我经常跟我的客户讲："您不用跟我去争辩行业专业的问题，毕竟隔行如隔山，术业有专攻，如果我们讨论您所在专业的话题，那么我自然也什么都不懂。所以您不需要讨论这件事情，专业的事交给专业的人做，而我会从专业的角度为您把好关。"这就是我面对客户的姿态。

在销售过程中，作为一个专业的从业人员，你也要不断地用这样的方式，递进式地明确强调自己的立场和姿态。只要你把自己的定位定准确，那么不管面对什么样的客户，都能兵来将挡、水来土掩，牢牢地掌握住所有的销售局面。

不过，一些重点的对话一定要好好琢磨，好好推敲。当你能够从一个专业的角度来跟客户分析一些问题的时候，可信度就会大大增加。

02

第二章

销售新思维：
别让"传统套路"困住你

传统固化的销售思维 VS 新销售思维

传统的销售流程是公司生产某种产品，然后通过销售卖出。这个过程并没有体现出销售人员本身的价值，相较之下，它更多地依托产品本身和各类营销活动产生价值。但是在最新的销售思维里，我们更讲究"以人为本"，也就是"让个人 IP 走在产品 IP 的前面"。这种销售顺序十分重要。然而时至今日，绝大部分销售人员还陷在传统的销售思维中。

举个例子，假如你是在店里等待顾客的销售人员，当有人进店后，不论对方是谁，你都会面带微笑地跟对方说："欢迎光临，请问您想看点什么？我拿给您看一看？"接着你会向对方介绍产品。注意，此时你关注的是产品本身，却没有关注更重要的——人。作为销售人员，你要时刻清醒地认识到，你的产品不论好坏，都无法决定最终能否成交。产品是死的，人才是活的，如果没有了解客户的需求，没有体现自己作为销售人员的价值，再好的产品顾客也未必会购买。但是一旦把侧重点放在客户的需求和自己能提供的价值上，即便产品没那么完美，客户也有可能会选择它。这就是传统销售思维和新销售思维的最大区别——一个成交余地小，一个成交余地大。

如果把介绍产品作为整个销售流程的侧重点，结果就是用客户对应产品，选择的权利是单边的，交易的决定权在客户手里。如果从销售人员的角度出发，重点介绍销售人员本人，或者把重心放在与客户建立信任上，结果就是以人对人，那么选择的权利就是双向的，所有事情就都有了变通机会。

要知道，人的价值一定要在正式销售产品、客户做决定之前体现出来。但是在传统销售过程中，很多人喜欢讲产品功能，比如说："张总，我们产品有什么样的功能，能帮您解决什么样的问题，您会得到哪些收获，我们价格是多少……如果没有问题的话，您就可以交款完成合作了。"在这个过程中，销售人员自身的价值完全没有体现出来。

不仅如此，销售人员错误地把自己的作用更多地放在了逼单的环节。比如客户表示要考虑一下，销售人员这个时候才开始去谈自己的价值，这是典型的"消化不良"。也就是说，在前期阶段，你想让客户因为产品的内容及价值去完成交易，成功率是微乎其微的，因为他没有完全理解购买产品的理由，怎么可能做出购买决定呢？

所以，一定要推翻传统的销售流程，打破固化的销售思路，重新排列。当一个销售人员与客户的关系建立得足够好且客户对其足够信任时，成交流程根本不会进入"客户想要考虑一下"的阶段。如果过于侧重产品本身，就根本无法勾起客户的任何购买欲望，因为你做的完全就是说明书的工作。

销售人员必须掌握的新销售流程

传统固化的销售流程为什么不管用了

传统的销售包括制造产品和销售产品两个流程，每一个流程都有三个环节。制造产品包括设计产品、采购、生产，销售产品包括定价、销售、促销。现在我们可以用它找到销售中存在的漏洞。

查找问题前，先对固化的销售思路进行归纳，即介绍产品的功能、好处和价格。注意，这个过程本身就是一个问题。在向客户介绍产品时，销售人员还没有完全了解客户的需求点是什么。优秀的销售人员会先问："您有什么需要？您想在哪些方面得到提升？您有什么想法？您期待达到一个什么样的效果？"这些问题都是需要提前挖掘而不是过后弥补的。但是传统的销售思维与之恰恰相反，这些重要的问题都被后置了。见到客户犹豫了，销售人员才告诉对方："我们这个产品能够满足您什么样的需求，帮您解决什么样的问题……"但为时已晚。

新销售流程

相较以往，如今的销售会受到更多的环境因素影响，比如市场环境下人们的选择空间更大，大众市场被分割成许多细分市场，每个客户都有自己的需求、感受偏好和购买标准等。结果就是每个人的要求都提高了，出现了消费的独特性。与此同时，市场上的产品越发同质化，同行大打价格战，成本压得超低，这就意味着同类产品差异化程度不深。你家产品的功能我家的产品也有，你家有的服务我家比你做得还牛，这种产品的同质化问题从同行的激烈竞争中就可见一斑。所以客户每天都能接到无数个推销电话，每个销售人员说的内容都差不多。那么对客户而言，选择谁都可以；而对销售人员而言，客户的需求更加难以捉摸。

面对这样的大环境，必然要拿出新的思路。新销售流程包括三个方面的内容：

第一，选择价值，包括的环节有客户细分和分类、市场细分、价值定位。

第二，提供价值，包括的环节有设计产品、服务开发、定位、采购制造。

第三，传播价值，包括的环节有人员销售、促销、广告。

改变传统获客模式

传统的获客方式属于陌拜访问，包括扫楼、电话销售、异业合作、初次见面等。任何行业都少不了陌拜访问的环节。我们把传统的获客方式称为缘故市场，可以理解为"杀熟"。

举个例子，我去天津，给一个保险公司做培训的时候，发现他们现在的获客方式依然非常低效。不过他们也会主动参加活动，拓宽圈层，锁定目标客户。但是现在这个方法行不通了，同行都知道运用这样的方法，以至于进入圈子的人大多是和自己一样的人而已。所以很多人愿意花费高达几十万元的报名费去参加总裁班，实际未必是去学知识的，最终目的可能是突破自己的圈层，混入上层圈子，试图给自己带来利润。

获客的方式有我们找别人和让别人找你。作为销售人员，不仅需要掌握与客户沟通的技巧，还需要掌握获客的方式。

方式一：我们找别人

公司会告诉你们，通过陌拜访问得来的名单里，哪些客户是精准客户，需要用心沟通，做好后期服务。这看起来是公司在给你信念加持，让你更用心地筛选客户，但实际上这个客户名单没什么价值。虽然公司给你上千个资源，但其中可能只有50位有意向的客户，剩下的950位客户基本都是无用客户。这既是公司对于废旧名单的处理方式，也是反面激励员工的套路，公司试图用50位精准客户来撬动剩余的950位客户。

从事股票行业的销售人员，他身边接触的都是有钱的朋友，可以运用"杀熟"的策略，这就是缘故市场。但在这种缘故市场中，不排除有很多人不具备成交条件，也有很多人好像不方便"杀熟"。

我不希望作为销售人员的你依然陷在传统获客模式中无法自拔，这样只会加快你被时代淘汰的进度。

有些人认为自己打电话的能力很突出，但不知为什么身边连个意向客户都找不到。如果你现在正在经历这段难熬的时期，我想对你说，这真的跟你的个人能力没有关系，你已经竭尽全力了。假如公司提供100个客户的电话，你能联系10个客户，这已经能显示出你的能力和水准了。如果你每天只能联系10个客户，而其他同事能联系20个以上的客户，这个时候就需要找自身的问题，及时反思了。

方式二：让别人找你

如何让别人找到你？

举个例子，有位女学员在37岁选择从事保险行业，有一天她对我说："希望客户能够主动来找我，而不是我每天辛苦找客户。我的家庭压力也很大，如果花费大量的时间与精力筛选客户，精力确实不够。我准备了100条时长50秒的视频，每一条视频讲一个险种，然后把视频传到网上，这种方法是否可行？"我说："用这样的方式引流，你觉得引流成功的概率大吗？"她告诉我概率不大，我反问："那你为什么还要做？"她说没有其他办法。

针对这位学员的想法，首先我认同她的思路。在传统的销售模式中，想主动找到别人，肯定会受到行业的限制。而通过某种方式让别人找到你，也是可以实现的。在专业的领域里面以专业的人设吸引人，这个事其实是非常困难的，消费者已经开始反感了，面对所谓的某领域的专业从业人员，客户下意识地认为他是最容易把自己口袋里的钱掏出去的人。

与这位学员深入沟通后，我发现她除了销售保险以外，最擅长的就是带孩子，她的育儿经验很丰富，尤其是3～6岁的孩子。我建议她用第二个身份引流，吸引宝妈是比较可行的。如果以专业从业人员的身份应对消费者，成交的概率会很低，但如果使用宝妈的身份，吸引的都是3～6岁孩子的父母，和这些人会更容易建立信任，更能同频共振。

获客是获客，成交是成交，要分清楚两件不同的事，千万不能混淆。获客的本质是洞察不同时期客户聚集的方式，而不是看哪些是你的意向客户。在初期沟通阶段你缩小了成交余地，你的努力无法得到回馈，就会产生极大的挫败感。一旦低效率的错觉形成，你就会怀疑自己适不适合从事眼下的行业。但是如果我们寻找第二个身份切入，通过分享育儿经验建立信任之后再做产品介绍，就会水到渠成。这完全符合个人人设在前、产品在后的销售思路。在整个成交流程当中，这种获客方式大幅降低了沟通解释的时间成本，也缩短了服务周期。

作为销售人员，你要忘掉心里原有的执念，不要总盯着最有可能成交的人。你基于过往的接触经历、客户曾经在某个网站上留下的电话号码，觉得客户有类似这方面的需求，下意识地对客户进行分类。但实际上，很多客户都有潜在需求。

什么是潜在需求？潜在需求是处于待激发状态的需求。每个人的内心深处都藏着潜在需求，我们曾经也会因为某个人使用了某一款产品，觉得还不错而去购买。最初并不是特别需要这款产品，是因为看见别人用了，自己也想拥有，这时候潜在需求就被激发了。有潜在需求的人自己都没有意识到自己有需求，这种人的占比是相当大的。我们现在需要找到具有垂直特点的人群，先获取对方的信任，给予对方充分安全的自由选择空间，再伺机而动。

要实现销售思路的蜕变，就需要把聚焦点从谁是最有可能成交的人转为如何获取一群有垂直特点的人。秉持信任为先、先人后事的原则，那么距离成交就会更近。

客户细分和分类,掌握客户的选择价值

客户的细分和分类是销售人员的第一要务。

现实中,绝大多数销售人员在第二次跟进客户时都是以产品为沟通的开端:"我上次给您发的资料您看了吗?""上次跟您说的合作的事情,您考虑得怎么样了?"这样沟通会让大部分客户疏远你,强烈的跟进目的只会让客户增强防备意识。所以千万不要这么去沟通,而是要做好客户细分和分类,有的放矢。

客户细分

所谓客户细分,就是为每一个客户单独建立一个表格。在与客户通话的时候,可以边聊边记录谈话内容,然后根据记录判断客户的收入、工作性质、职位职务、性格特点,甚至是婚姻状况。这样下次再与客户通话的时候,就能清晰准确地谈到上一次通话的内容,让客户感觉到这

名销售人员非常认真，很看重自己。这对推进合作是很重要的。

比如你在与客户的沟通中发现对方鼻音较重，这个时候就可以问："您是不是感冒了？"他说："嗯，我前两天感冒了。"接着你就可以说："您要多注意身体，最近流行性感冒比较严重，一定要多加预防。"谈完之后，谈话内容也记录完毕。下次再跟他通话前，你就可以看一下上次的记录，回忆些细节。再与客户通话时，可以直接说："您感冒好了吗？"这个开场很牛，而且直接解决了一些销售人员不知道如何第二次跟进客户的问题。

真正顶尖的销售人员，其沟通过程一定是一环扣一环的，前一次沟通会为后一次沟通做铺垫，而下一次的沟通内容要取材于前一次的沟通记录。比如客户曾向销售人员透露"过两天要去出差""过几天有一件非常重要的事情""月末女儿考大学"等，这一系列的内容都可以成为下次沟通的开场白，在淡化销售目的的同时，增大客户接受的概率。

客户分类

客户分类，顾名思义就是按照特定条件把客户归类。销售人员与客户之间都是由陌生到熟悉，再到彼此信任的。所以不论客户社会地位高低、资产雄厚与否，初次沟通时，销售人员与客户彼此都是陌生的。想要在这种情况下建立良性沟通，运用客户分类法会使销售工作变得更加高效，沟通变得更加清晰。

我们可以做出一个客户分类表格，表头可以写"客户姓名""职位""联系方式""经济基础"等，然后把客户分为 ABCD 四类。

A 类客户

A 类客户的标签属性为：热情、相对热情、健谈、愿意保持沟通。其中"热情"自然是对产品很感兴趣；"相对热情"是指当销售人员向他致电时，他的反应相对主动，甚至会咨询产品费用、服务等相关问题；所谓"健谈"则是当销售人员提出观点时，客户能够给予回应，甚至对此进行探讨；"愿意保持沟通"的意思则是，当客户知道销售人员的目的后，仍然愿意保持沟通。

在沟通的前期，如果客户具有上述标签属性，那么就可以把他归入 A 类客户，作为接下来重点沟通的对象。

B 类客户

B 类客户的标签属性为：不排斥。客户大致了解来电目的和产品种类后，对销售人员的回应是："嗯，好的。明白了。"这样的客户可以归入 B 类。比如你做减肥产品的销售工作，会向客户介绍产品是什么样的、服务是什么样的、产品功能效果有哪些。客户大概了解了你的目的是什么（要推销东西给他），但并没有具体了解你能为他带来的好处。

C 类客户

C 类客户的标签属性为：不愿多交流、敷衍。这种客户很常见，销售人员介绍了半个小时，他在那头只回了一个"嗯"，这就是不愿多交流、敷衍的表现。比如销售人员说："改天我再给您打电话详细介绍一下吧！"他会说："等有时间再说吧！"

D 类客户

D 类客户的标签属性为：抗拒沟通。这类客户不爱跟销售人员交流，却有这方面的需求。

根据客户类型，确定开发顺序

分类后，你就可以按顺序开发客户。首先是 A 类，然后是 B 类、C 类、D 类。

不过这种分类并不是固定的。举个例子，某个销售人员有 10 个客户，且都是 A 类客户，那么他就要下同样的力气去开发这些客户，不过实际成功率可能只有 20%。所以，除了成交的 2 个客户，剩下的 8 个客户便可以归到 B 类客户当中。在与 B 类客户沟通时，销售人员要在服务和引导上多下功夫，当沟通产生良性反应后，就要及时把他归到 A 类客户当中。同样，还可以把 C 类客户发展成 B 类，再发展成 A 类，以此类推。

这种良性循环的方法，在保证客户数量不会减少的同时，还能让客户数量有一个必然的增加趋势。

做好销售工作的前提是做好规划。通过客户分类，可以提高销售效率，明确工作重心，找到服务客户的侧重点，避免盲目工作。

销售线索：找到谈判的切入点

销售线索就是客户没有意识到，但是销售人员能够看出的问题及其危害。在这个阶段，销售人员还没有获得客户的认可。另外，这个线索应该是与客户前期建立沟通时搜罗到的。这就像在给自己增加筹码一样，找到的线索越多，说明客户存在的问题越多，送给销售人员的谈判切入点越多。作为销售人员，你至少要让客户意识到问题的严重性。

没有得到客户认可的谈判初期阶段，也是销售人员与客户建立信任的阶段。想要自然地切入线索，可以从七个层面去做，包括功能层面、操作层面、文化层面、服务层面、风险层面、政治层面、战略层面，下面主要讲讲前五个层面。

功能层面

假设你是减肥餐的销售人员，在推销产品时，客户告诉你自己正在使用类似的产品，它的效果如何如何，那么你可以告诉对方："我在这方面很专业，您现在使用的这款产品有缺陷。"这句话的意义在于你要先把自己专业的姿态摆正，说出的话要带有权威性，这样沟通起来就会有一定的说服力。

接着你可能会对客户说："您现在使用的这个产品见效慢，我的这款产品一段时间内就可以见到效果。"这个案例能够体现产品的功能，但是很粗糙。换成另一种产品，你可能会对客户说："您目前用的这个设备每分钟能生产10件产品，但是我的这个设备，每分钟能够生产20件产品。"

在销售过程中，这种对比方法很常见，99.9%的销售人员可能都是这样做的。但这并不意味着这种做法就是完全正确的，甚至可以说是有些拙劣的。原因在于这种对比方式目的性太强，过于直白。这种只有两个选项的对比，非此即彼，既突兀又无礼，不仅无法抓住客户的心，还会给客户带来压迫感。

高级的对比会融入市场上的其他产品，对比选项至少要有三个。可以这样说："我在这个行业做了很多年，绝对是专业的。据我分析，问题在于设备效率极低。目前您这边的设备每分钟只能生产10件产品，可是市场上大部分同类设备每分钟都已经能够生产20件以上了。我的这种设备更为先进，它每分钟能生产25件产品。"

这个案例中加入了一个参照物——其他同行的情况，目的就是让客户清楚认识到问题，同时软化销售人员与客户所拥有的产品的直接对比，柔和地让客户知道，他真的需要做出改变了。这只是销售流程中的一个细节，但是作为销售人员，必须抓好这个细节。任何时候，销售人员都要避免直接向客户表达自己的观点。

操作层面

"你的老机器操作复杂，容易出错。现在大家都在使用更先进的机器。"这种鲜明的对比可以套用在任何行业。如果你是营养餐的销售人员,就要体现出产品在操作层面的优势:该产品的制作步骤和过程有多么简单,使用产品有多么方便快捷,质量管控有多么严格,理念有多么先进……然后你便可以拿自己的优势对比客户的劣势。

文化层面

假如一个公司内部存在执行力差的问题,你要去给他们设计一个提高团队执行力的课程,这时候你就可以针对他们的问题说:"我在你们公司看了一下,又在负责人那里了解到公司确实存在执行力差的问题。这种情况其实很多公司都有。"此时,第三方角色开始被植入:"我在这个行业这么多年,这种问题见了不少,不过很多人对此都不够重视,结果就相继出现了很多严重的问题,因此付出了非常高的成本,代价很大。"

这样表述的意图是:你能够帮他解决这样的问题。此外,你植入第三方的角色,是为了不去与客户进行直接的对比。尽管第三方的事件的真实性、问题的危害性、情绪的饱满度等都有待考量,但这就是你搭建的最佳平衡点。

服务层面

如果销售人员自己的产品价格太高,就要跟客户讲:"您现在的供应商的服务质量如何,您最有体会。我可以明确告诉您,很多供应商对他们的客户已经能够提供更周到的服务了,而我能为您提供更多。"

这时候可以跟客户谈及行业现状,这个话题十分安全,因为客户一般不会过多了解这些事情,更不会着手去调查。你要让客户知道这个行业如今是什么样子的，他目前得到的服务质量有多差，要让他有不平衡的感觉。等他心中对这件事有了看法后，你再以销售人员的身份出现，这样就会事半功倍。

风险层面

"您的运营模式可能会遭遇这样的风险。也许您觉得问题不大，但是我个人觉得，千里之堤，溃于蚁穴。我不是乱说的，而是实实在在见过这样的例子。××公司后来出现了很严重的事故，就是因为前期没有重视这个问题，所以我希望您对此能够重视起来。"

风险层面这点可以应用到各行各业。这是一个很简单的思路：你与客户刚刚建立联系，还不是很了解对方，但是在这个阶段就要让客户意识到他面临很多问题。一方面，让他知道他自己没有意识到这个问题；另一方面，让他知道自己没有意识到问题的严重性，进而使他质疑自己现在的运营模式，讨厌自己现有的产品。接下来他的反应无非两种：一个是破罐子破摔，另一个是寻求改变。而他大概率会选择后者，寻求改变。一旦客户产生这样的想法，销售的机会就会增加，成功的概率就会变大。

综上所述，根据销售线索找到谈判的切入点，就是围绕七个层面，从两个维度指出客户的问题：第一个维度，客户没有意识到他存在的问题；第二个维度，客户知道自身存在问题，但没有意识到其严重性。在指出问题的过程中，切忌简单粗暴地直抒胸臆，强硬地让客户按照你的思路去思考，而是要插入第三个角色来隐藏你自己，让你的话听上去更加真实有效。

解决约访障碍：客户为什么不见你

找到线索之后就要约访客户。首先要查找一下约不到客户的原因，客户为什么不见你？其中很重要的一个原因是，这个销售人员不值得他放下手头的事情来见面。如果客户觉得"不值得"，就会对约访产生障碍。我在下面归纳了五个影响销售人员成功约见客户的障碍。如果能把这些障碍全部解决，那么约访客户的成功率就会大大提升。

障碍一：成本

成本等于价值。销售人员跟客户见面，心里预期的交谈时间大概是一小时或者两小时。但对客户而言，用这么长的时间去说一件事，可能就是在耽误他的时间，所以他要考虑自己的时间成本问题。

很多销售人员会跟客户这样讲："张总，通过交流，我觉得我们之间还是谈得很愉快的。关于我们的产品，您可能不是特别了解。恰巧今天我有时间，您那边方不方便？我当面去跟您聊一聊，向您详细介绍一下产品的情况。"

此时，客户的第一反应肯定是：销售人员来见我的目的是什么？这个阶段，他不会过多地去考虑拒绝还是接受你的问题，而是会权衡去见这位销售人员有没有价值，有没有必要放下手头的工作去做这件事。

这里就出现了客户权衡成本的三个要素：第一，我付出什么；第二，你给予什么；第三，会面比其他事情更重要吗？只要针对这三个要素，结合之前提到的七个层面加以解决，就能克服客户心里的成本障碍。

首先，从之前提到的七个层面查找客户的问题，可以这样说："张总，经过上次的沟通，我发现您的整个运营模式很好，但是从我的专业角度来看，它还存在一些问题，这是一种隐患。您需要专业人士替您分析，并提供解决方案。今天下午如果您有时间，我过去给您重点说一下我的解决方案，从专业的角度给您提供一些帮助。"这样的交流遵循的不是普通的销售思维。普通的销售思维是去给客户讲产品，为了讲得清楚，才去见客户，这样一来销售人员就能完美解答客户心中关于"我付出什么""你给我什么""会面比其他事情更重要吗"的疑虑。

所以，要克服这种成本障碍，销售人员必须先发制人，用问题说话，即从专业角度出发，在发现客户的问题后，帮助客户解决问题，且不占用太多时间。在这个过程中，我们要从不涉及钱的角度出发，寻找客户的知识盲区或者他非常重视的问题，然后深挖其原因，并提出合理的解决方案。如此一来，客户就会觉得自己的收获远大于付出的时间成本。

障碍二：怀疑

客户对不熟悉的销售人员往往心存怀疑。想要消除对方的疑虑，就要把关于钱的目的委婉地表达出来。具体来说，销售人员可以从以下五点来入手。

1. 隐藏产品信息

很多销售人员总是开门见山，直接介绍产品。这样目的性太明显，而且越是这样说，客户对产品信息越怀疑，所以约访客户的时候要把产品信息隐藏起来，从需求切入，这样更能引发客户的购买欲。

2. 解释模糊信息

很多电话销售人员会被客户问及："你是怎么知道我的电话号码的？"面对这样的问题，切记不要随便搪塞，相反，要把这件事说清楚："销售公司是有固定资源的，可能您之前在某一个App上注册时留过信息，然后我们通过大数据提取就获得您的信息了，希望没有给您造成困扰。"解释得越清楚，客户的疑虑越小。

3. 摒弃诱导信息

不要给客户传递诱导信息，过于暴露自己的销售目的。比如，减肥产品的销售人员不能直接对客户说："你想不想拥有完美身材？请选择我们。"这是不可取的，因为这样很容易让客户觉得你在"忽悠"，所以要摒弃诱导信息。

4. 杜绝业余信息

业余信息，即非专业性信息。在与客户沟通的过程当中，千万不要让自己显得非常不专业，这样只会让客户加深对你的质疑。

5. 别对客户撒谎

有一个销售人员对一位大客户吹嘘，某某大企业在用他的产品。结果这位客户跟那家大企业的老板认识，双方沟通后发现根本就没有这么一回事。大客户非常生气，说："你这不是欺骗吗！"其实很多时候根本没有必要撒谎，因为客户是能够感觉到的。只要以诚相待，时间久了，他对销售人员的怀疑自然就消除了。

所以，优秀的销售人员应该这样对客户讲："张总，上次了解到贵公司的状况后，我从专业的角度来看，发现贵公司职员的执行力差。这个问题可能眼下不会造成太大的影响，但长此以往它会不可收拾。据我所知，同行业的一家公司也出现了这样的情况。当时他们公司的老板在国外，就没有及时解决这个问题。结果公司员工集体罢工，导致这家公司到现在还没恢复过来，所以说这个问题是比较严重的。张总，不论您是否与我合作，我都希望能从专业的角度给您进行分析或者提供一个方案。即便您不跟我合作，您也能在听过我的分析之后，在自身能力范围之内进行调整，把损失降到最低。"

这段话能够让客户知道销售人员的初心——不是为了合作去会面，

而是因为发现了问题，作为热心的专业人士，不想看着对方陷入困境，才去见面助对方一臂之力。这是一种几乎无懈可击的话术，不会给客户造成太大压力，又能消除客户的怀疑，解决约访客户时对方出现的心理障碍。

如果想进一步增加其可信度，还可以加上一些个人的原因："我之所以要去帮您做这件事情，当然也是希望您能跟我合作，毕竟您在行业当中是一位名人。我也相信，许多销售人员都在服务您，可能您也接到过许多类似的电话。但是，我不会在现阶段去要求结果，因为没必要。"

障碍三：压力

当客户表示自己暂时不买，或者自己不负责这件事，又或者需要向领导汇报时，其实通常是在找一些借口，是客户有压力的表现。此时客户可能在想：你过来给我介绍了半天，我不买有些过意不去，但是我对你和产品了解得还不够，我又的确不能买。这就是压力障碍。

想要解决这个问题，就要释放压力，这与解决客户怀疑障碍的方法十分类似。作为销售人员，你要表明自己的初心和发力点——希望争取客户，但不会要求成交，也就是从专业角度尽力去帮客户解决一些问题。

障碍四：失控

这个障碍是比较严重的。失控障碍实际上指的是客户在沟通时无法参与其中，或者感觉无法控制局面。没有人喜欢做一件会让自己陷入被动的事情。

会让客户觉得沟通失控的原因有三点。

1. 单向沟通

销售人员在与客户沟通的过程中陈述太多，而客户提问太少，那么客户拒绝沟通的概率就会变大，因为客户在这个过程中毫无参与感。所以，在这个阶段要秉持"三二"原则：销售人员说三分钟，客户至少说两分钟。不过这就需要销售人员掌握一些话术技巧，在谈话中埋下一些问题，引得客户参与其中。

销售人员在埋设问题的时候应注意，要让客户有机会表达自己的想法，或者能让客户有机会谈及值得自己炫耀的一些事件，比如客户在健身方面比较厉害，曾经取得过什么样的成就，或者公司做得很优秀，等等。一旦发现类似的点，销售人员一定要把它们抓住，并询问客户是如何做到的。

2. 语速太快

销售人员的语速太快，停顿太少。试想一下，一个销售人员以自我为中心，不停地发表以自我观点为主的结论："我们的产品全世界排名第一，我们的客户好评率是第一，我们的产品能够帮客户解决很多问题……"

试问，这些跟客户的实际需求有关系吗？

销售人员在与客户沟通的时候，必须注意对方的反应，要适当停顿，敢于接受对方的态度，敢看对方的表情。只有不自信的人才会不断地自说自话，极力掩盖自己的缺陷和瑕疵。

当一个销售人员意识到停顿的重要性后，他说话的方式就会是这样的："张总，通过与您接触，我了解到贵公司的大体情况，但我发现了一个问题。"此时停顿，目的是给客户一个提问的机会。如果客户的眼神变得严肃且又充满疑问，那么你就成功了。相较于过快的语速，放慢语速、适当停顿会让接下来的沟通效率更高、效果更好。

3. 倾听不足

要解决这个问题，就要认真倾听客户的话，要让客户多去表达，多去讲话。作为销售人员，你提出的不论是专业领域的问题还是其他的边缘话题，只要能让客户衔接得上，就没有任何问题。然后，在客户表达观点后要第一时间与客户建立"同盟"："我跟您想的一样""不只是您这样想，我的其他客户也这样想"……这就是倾听力的一个极致表现。

障碍五：竞争

作为销售人员，如果你已经用到了上述所有方法，但是客户仍然表示不想与你见面，那么便要考虑有人在与你"竞争"了。也就是说，你的某个同行已经成为他的理想合作伙伴。不过无须在意，毕竟最终结果没有出现，谁赢谁输都是未知数。

　　此外，还有一种情况，就是客户没有做好心理建设，尚没有做出购买产品的决定。此时面对面交谈，无异于要他加速做出决定，客户必然对此非常抗拒。所以当认识到这一点后，不要着急去说服他，相反，你的动作要放缓，先用电话或微信沟通的方式培养信赖感。此时如果一定要跟客户见面也绝非不可，前提是要把成本障碍、怀疑障碍、压力障碍和失控障碍搞清楚并解决掉，让客户彻底放下所有的戒备，让他觉得你的的确确是免费帮他分析问题的，他不会有任何损失。否则就不要轻举妄动，与客户见面。

销售铺垫阶段，如何运用"植入销售"策略

与客户沟通、向客户销售的流程就是一个布局的流程。一旦哪个环节出了错，就会影响到最终的结果——它一定不是你理想中的结果。销售流程是非常精密的程序，每一道程序都像一个精密的公式。如果销售流程分为十个部分，那么最终总成绩就取决于这十个部分各自得到多少分。想要总成绩是满分 100 分，那么每一个部分就都不可以出错。

因此，在销售前期进行销售铺垫是十分必要的。接下来，我将和你分享如何进行销售铺垫。

"植入销售"策略 1：将经济条件植入销售

在整个销售的开场阶段，销售人员有必要通过一些小细节植入自己的经济条件。你可以向客户传递一个核心要点：你可能不像他那么有钱，但是在你的圈子里，你目前的生活质量还不错，而且你并不缺钱，你跟

他合作，也不只是为了赚点钱。

在销售过程中，我经常会表达类似的意思："张总，虽然我平时很忙，没有太多的时间去开发新客户，但在这个行业这么多年，我觉得自己最大的收获就是结识了不少像朋友一样的客户。不瞒您说，即便几个月不开工，单靠老客户的介绍，我也能赚到很多钱。当然，我可能不像您那么有钱，但至少我不缺钱，想买什么也买得起。"这种思想一定要时常传递给客户，让他在潜意识里认为你的经济基础不错。

然而现实中，我见过很多错得离谱的销售人员，他们会跟客户说："您帮帮忙，我就仰仗跟您合作的这份业绩交房租了。您信任我一次，给我一个机会！"这绝对是销售人员业务上的一大败笔。永远不要用这种姿态跟客户沟通，这样的结果就是客户对你越发地不信任。

销售人员与客户的关系是具有很强的时效性的。或许很多人都听说过，一个身为孕妇的销售人员在客户公司门口站了两小时；某个销冠的老婆生孩子，而他却还在见客户的路上；去客户的办公室28次才感动客户；等等。这些故事的确感人，然而这样销售工作效率是极低的。作为销售人员，绝不能围着一个客户转。一个受欢迎的销售人员应该是很忙的，更何况没有一个客户喜欢被别人围着，他会感觉压力很大。从某种程度上来说，他会觉得信任你的客户好像不太多。所以不要试图用打感情牌的方式去搞定客户，在这方面浪费的时间足够你去搞定另外100个客户了。

相对而言，植入自己的经济条件起效更快。塑造良好的经济状况就是从侧面告诉客户：我的生活不缺钱，所以不会因为蝇头小利向您承诺超出我能力范围的事情。甚至可以理解为：对我来说，客户多你一个更好，但是少你一个也不会造成任何影响。当你的表达达到这个高度的时候，反而会让客户觉着格外安心，认为自己的利益风险降到了最低。所以先把自己的经济条件塑造到位，就相当于按下了让客户更加信任自己的快捷键。

那么怎么做才能自然地植入自己的经济条件呢？总不能直接跟客户说自己很有钱吧？答案当然是否定的。你的经济条件务必要隐藏在事件里，悄无声息地传递给客户。我认识一个在北京保险圈里很有名的女性销售人员，她非常善于在跟客户的沟通中，植入自己的经济条件和人设。

跟客户沟通时，她会说："张总，我通过和您接触，发现您经济实力太强了。我跟您可比不了，不瞒您说这些年我也赚了点钱，但干这行时间久了也经常感觉疲惫，也有不想做的时候，原因就是觉着这个行业的钱我能赚到的都赚到了。您说人这辈子赚多少钱是多呢？我认为人这一生中不能只有工作，您说对不对？可现在我又没法离职，其中很重要的一个原因就是我的客户太多了。曾经公司让我们把成交的客户都甩给售后服务部门，这样就能减轻我们的工作压力。这个消息一出，公司的其他销售人员欢呼雀跃，因为这样大家就有更多的时间去开发新客户，自然就能赚到更多的钱。可我想，客户是因为相信我，才交钱合作的，如果我转身就把他丢给别人，那就太没义气了，晚上睡觉都会做噩梦。所以我当时就决定，哪怕我没有时间开发新客户，我也要亲自服务好老客户。对我而言这就叫作责任。我这人有个特点——别人信我 10 分，我就信人家 100 分。也许正因为我的这个性格，我如今的老客户才能遍布全国吧。"

虽然这只是一个简单的话术，但是隐蔽、有效。它能够在无形当中把一个优秀销售人员的形象展现出来。听了这样一番话，客户必然能得到这样的信息——你是一个负责任的人，不差钱更不差客户。

"植入销售"策略2：将工作原因植入销售

将工作的原因植入销售，顾名思义就是植入"你为什么做销售"。

很多人对此很不理解："为什么要把做销售的原因告诉客户呢？而且我跟客户也没有机会讲这种话呀？"我们在前文中已经详细讲解了植入销售人员经济条件的意义。作为销售人员，只有通过这种方法，才能让客户在面对你时获得最大限度的安全感。所以如果你突然告诉客户自己是为了赚钱才做销售人员的，岂不是前功尽弃？

事实上，为钱做销售人员合情合理，双方也心知肚明，不过话却不能如是说。试想有个销售人员告诉你他做销售就是为了赚钱，那么你是否会觉得这个人非常功利、非常现实，是一个为达目的不择手段的人呢？所以在谈及销售原因的问题上，永远都不要掺杂一星半点的个人利益。多掺杂一分，对方就多防备一分。记住，从此刻起，你做销售的原因与当下的利益无关，只与未来的利益有关。

未来的利益究竟在哪里？是怎么形成的？应该如何表达呢？

在整个销售流程中，最常用的植入思路是："我希望未来能创业。创业方向必然跟现在从事的行业相关，毕竟在这个行业这么多年，很多东西已经根深蒂固，我的渠道、人脉，所有的资源都在这里。如果把创业比作一场赛车，那么必然是在这个熟悉的赛道上成功率最高。既然选择这个赛道，那么像您这样的人脉很大程度上会成为我将来创业的重要资源。这就是我做销售的一部分原因。"

当你向客户表示他是你未来创业路上重要的资源时，就已经证明他与你的利益紧密相关。而客户当然愿意从你那里获得一种长远的重视感，这样就能最大限度地保证你当下会全心全意地为他服务，未来他才有可能成为你的资源。这仍旧是人性的底层逻辑：在双方合作的过程中，先得到利益的人总是最踏实的。你在当下满足客户的利益，客户在未来满足你的利益。通过这种方式，客户就会觉得获得了主动权和安全感。而对销售人员而言，这种方式是最容易被客户接受、最立竿见影的销售铺垫形式。

销售中的前期引导环节

真正的成交不是直来直往的，所有的销售沟通不一定全部直击对方的内心，但是会从边缘角度，不断接近你的目的。所以销售的前期引导环节十分重要，这一环节能让客户不会成为惊弓之鸟，而是保持最放松的心态留在我们身边。其实，无论是在销售当中，还是在我们的生活当中，一切活动都跟销售有着紧密关联。据不完全统计，每个人每天要经历3～7次销售活动，都会遇到要让别人同意你的观点的情况。让别人接受你的想法，这也是一次销售。

但是，很多人对于销售存在两个误区。

误区一：居高临下

人们对于销售有一个刻板的印象。有些人认为销售人员在销售谈判过程当中地位最高，他对整个销售过程有主导权，因此销售人员应该是声音最大、攻击性最强的那个人。的确有一些销售人员习惯用攻击性的态度对待客户，往往不考虑别人，只关心自己的利益，并且不断地宣誓自己的主导权。这是极大的错误。在客户面前，我们和客户一定是平等的。

误区二：非输即赢的思维定式

很多销售人员在跟客户沟通的过程当中，总是抱着非输即赢的思维定式。这个观点大错特错。我认为，我们在销售过程当中要做到忘我，就是要忘掉自我的利益和出发点，以及最终成交的目的。只有这样才能把自己最功利的那一面剥离开，用纯粹的状态跟客户交流，才能真正让你和客户之间的关系得到升华，双方之间的距离也会越来越小。所以，在销售过程中没有输赢之分，最佳的状态就是合作共赢。合则共赢，不合皆输。

如何让自己摆脱"非赢即输"的思维定式呢？不管你处在什么行业，不论是做项目还是卖产品，都要保持你的同理心，只要你掌握了这个底层逻辑，就会意识到自己也可以去掌控成交这件事情，而不再被"只有把客户拿下我才算成功"的思维左右。

很多人和客户沟通的时候，会认为客户坐在我的对面或者电话的另一端，他就是我的对手，只有把客户拿下，才能换取相应的利润。但是，在整个销售流程当中，最大的敌人不是对面的客户，而是销售沟通过程中的情绪和环境，这些才是我们最大的敌人。

同理心不是演出来的。顶级的销售人员不一定具备独特的资源，比如倾城的容貌、影帝般的演技，但是他们一定具备同理心。不要去演同理心，因为演出来的都是假的。如果你真的能够达到忘我的状态，每一句话都能从外往里渗入，那么你的每一句话都是站在客户的立场说的，你的立场跟客户的立场重合，你能够看到客户的问题，感受到客户所传达的态度和情绪，这才是我们真正要做的。

前期引导有三个维度，搞清楚了这些，在前期与客户沟通时就可以顺利地聊到谈价格这一步了。顶级的销售高手，一定是做有形的关系、无形的成交的。从引导的角度来说，就是在客户心里塑造销售自身的某种形象，这种形象是可以提前设计、提前规划的。

同样是面对陌生的客户，有的人能够在很短的时间内与客户打成一片、成为朋友，即便不是深交，彼此的距离也很近；而有的人与客户之间的关系却很冰冷，让人有种距离感。究其原因，就是后者在前期沟通的过程当中没有进行前期引导，客户对他不了解，不知道他是谁、人品如何、有什么目的、有何种价值。

客户怎么会选择一个自己丝毫不了解的销售人员呢？所以，在整个销售开场，在建立沟通的阶段，切记要把产品本身从话题里抽出来，重点塑造你自己的形象，等到铺垫成功了，再悄无声息地把产品打碎渗透到以后的沟通过程当中。

前期引导 1：分析市场环境，把握客户的心理

所谓市场环境，指的是销售视角下的行业状况。最有效的方法是把握客户的情绪。前文已经提到，不要直接与客户说产品，而是要潜移默化地影响客户的心理状态。

1. 从大到小

就拿教育行业来说，2021年教育面临史无前例的监管力度，很多人都在讲教育行业要变天。在这种大环境下，作为该行业的专业销售人员，在面对客户时就要向他分析当下教育行业的现状，未来的趋势走向、变化，眼下客户应该做怎样的调整，如何才能更好地应对未来的变化。这样一来，既没有聊产品，又能够100%地抓牢客户的心理，勾起他的兴趣，戳中他的痛点。如果你是证券公司的销售人员，同样不能直接介绍产品。要置后产品推介的工作，甚至为它蒙上一层纱，若隐若现的话效果会更好。那么该如何选择恰当的时机引入我们的主题呢？记住，与客户沟通一定要遵循从大到小的规律。

首先可以这样说："张先生，不知道您最近有没有注意行情变化。实话跟您讲，现在的行情确实不像市场上大部分散户看到的那样。从我们专业的角度来看，目前的市场表面风轻云淡，实则暗流涌动。依我看，北向资金正在向外流出，这对您来说是一个巨大的隐患。如果您这边不做调整，极有可能会面临巨大亏损。"从大环境讲到客户自身，这就是在遵循从大到小规律的同时影响客户的心理状态。

2. 反面案例

同理，其他行业也可以运用这样的模式搭建一个类似的沟通框架。比如你可以问客户："您有没有深入地了解过该行业的相关信息？有没有了解过哪家机构比较好？"这就是从大的环境开始说起，然后由客户对这个环境的认识，引出来自己的看法，而后再进入专业视角当中，指出客户的看法跟专业的看法存在哪些差距。

在与客户谈到行业状态时，要不断地、有意无意地谈及一些事故。比如："最近我们这个行业的某某公司出事了，您听说了吗？"

他如果说"没有"，你就可以故作惊讶地说："这您都没听说吗？"这句话既能证明这件事不是小事，又可以让客户觉得自己对这个行业不太了解。

然后你便可以继续说："您可以不跟我合作，但您跟别人合作的时候也应该谨慎。如果出现问题，损失的不仅是资金成本，还有时间成本。"

3. 时机恰当

一定要在销售开场的时候让客户产生紧迫感。这个阶段离成交相差十万八千里，客户会觉得，你刚刚跟他建立沟通，你作为专业人员，聊业内话题、从专业的角度帮客户分析问题是很正常的。此时，让客户产生紧张的心理会比较自然。

相反，如果在接近成交的时候让客户产生紧张情绪，那你的目的瞬间就会被客户识破。敏锐的销售人员永远会牢记：距离成交越远，距离钱也越远，那么你跟客户的关系就越近。这是销售中亘古不变的底层逻辑。

前期引导 2：了解客户处境，进行自我澄清

了解客户处境实质上就是了解客户跟其他同行的合作经历，然后进行自我澄清。

1. 主动探寻

客户的过往经历是无法判断、需要挖掘的，在沟通环节中可以多去询问、探寻。你可以问："张总，通过与您沟通产品，我发觉您挺专业的，请问您之前跟哪家公司合作过？合作的效果怎么样？"这么说的目的是了解客户与其他同行合作的经历。

不管是基于现实还是碍于面子，客户的答案必然是否定的，你的机会就出现了。他们之前的合作好坏真相无须在意，只要记住一个底层逻辑——客户对你说他与别人的合作效果不好，那么就是期待能跟你合作得更好，当然也是期待你能够带给他更多好处，尽管此时的客户可能根本不清楚自己想要获得哪些额外利益。

你可以顺势询问："我觉得您是一个特别理性的人，您之前为什么选择跟他们合作呢？"

这时，如果你严格按照我设定的沟通框架进行的话，接下来客户应该会跟你诉说他过往的经历。至于是什么样的经历，自然要具体问题具体看待，我在这里只为大家分析一个大概率可能出现的情况。

2. 提炼信息

客户很可能会说："别提了。当初那个销售人员巧舌如簧，拍着胸脯跟我又承诺又保证，我见他那么坚定，就相信了他。没想到让我交钱的时候整天围着我转，交了钱就不再搭理我，完全没有服务意识，我甚至觉得自己上当受骗了。"从客户的诉苦中能够提炼出两个信息：第一，客户吃过过度承诺的亏，对这种销售风格必然深恶痛绝；第二，因为没有享受到服务，客户对之前的合作感到沮丧。

3. 自我澄清

利用从客户那里获得的信息进行自我澄清。

澄清一：不过度承诺。

既然客户对于过度承诺深恶痛绝，那么就可以在后续的话题中找到切入点，从反向的角度向客户阐明："我在这个行业很多年，非常了解客户的状态。可能您今天跟我相谈甚欢，明天却跟别人合作了。而且我敢肯定即便现在，跟您联系的销售人员也不止我一个，甚至很多销售人员还向您做出过承诺。我很了解那些同行是怎么开发客户的。这些漂亮话的确很诱人，但以我的个性让我说这种话，我会心中不安。我从来不相信这个世界上有100%的事，如果有一天别人跟我讲某件事实现的概率是100%，我一定会觉得这是一个陷阱。把自己都不相信的事情告诉客户，这就是欺骗。所以我喜欢对客户说，这件事成功的概率是80%，但是我会争取做到100%。这是我的责任。张总，我不能为了赚钱去说一些漂亮话，但是我可以用事实说话。"

这个话术模板很简单，不过客户却能够通过这番话重新认识面前的这位销售人员，察觉到他与其他销售人员的不同。而且这与前期从客户那里探寻到的信息相吻合，能够迎合客户心理，抓住客户的内心。

澄清二：不会重蹈覆辙。

客户之前踩过雷，作为销售人员的你要给他一颗定心丸，告诉他不会重蹈覆辙。同样地，你可以给对方一个反向的话术。针对之前客户提到的没有售后的问题，你可以在后面的沟通环节当中不经意地切入："张总，其实我们公司今年的基调并不是以销售额为主，因为我们这方面在整个市场上已经很优秀了，所以我们加大投入，重点打造了一套全新升级的售后服务体系。您与我们合作以后，完全不需要担心服务问题。"无形中把客户最担心的事情变成了最不需要担心的事情，这就是销售前期引导的重大作用。

前期引导 3：建立平等的关系

销售人员与客户的关系，除了是买卖关系还是合作关系。当然，双方之间的关系还可以设定为朋友关系。要知道即便是朋友之间，也不会永远单方面付出，这其中还需要有"值得"二字做支撑。如果客户要跟销售人员做朋友，那么一定是因为他有这个价值。不论在任何阶段，你都要向客户传递这样一个信息：销售人员永远都想多一些朋友，多一些人脉，多一些渠道，而他就是你看重的人脉。尽管这个出发点可能比较自私，但客户一定会理解。毕竟你的话说出来既高级又真实，跟客户交朋友除了能给销售人员带来价值外，客户也能得到巨大的价值——销售人员的人脉也可以为客户所用，这是一个资源共享的状态。

1. 平等地相处

朋友关系要有相处的标准。你可以试探性地问客户："您平时下班都很晚吗？是不是特别忙？每次想跟您沟通的时候，电话都打不通，想必是很忙的。"客户一定会说："对，有时候开会非常忙。"你就可以说："那的确是挺忙的。说来也是不凑巧，您忙的时候我不忙，我忙的时候您不忙，结果就错过了。"一来一往，销售人员跟客户的立场就拉平了。所谓"拉平"，就是销售人员与客户永远处在一个平等的关系界面。面对客户不接电话的情况，永远不要说"我理解您忙""我知道你可能很忙"之类的话，否则你的姿态就没了。"我不忙的时候您可能在忙，结果时间错过了"，这样一说就能表达出销售人员和客户是平等的关系，瞬间就能把姿态拉起来。这虽然只是个小细节，但在销售开场的前期十分重要。

2. 突出自身差异性

在销售开场阶段进行前期引导，就是为销售人员和客户设定一个沟通的基调。一旦这种基调形成，未来的沟通阶段就能事半功倍。此外，这个过程还能体现销售人员自身的差异性，这是十分重要的。当今时代特点就是产能过剩，产品同质化严重，换句话说你有的产品别人也有，功能甚至更好，所以仅仅依靠产品无法实现差异性。那么要用什么留住客户呢？答案就是销售人员自身的差异性。你要做的就是把自身的差异性展现出来、传递出去。

什么是差异性？在销售这个行业中，你想让客户相信你，首先要自己相信自己。在此之前，可以思考这样一个问题：作为一名销售人员，你觉得自己在这项工作中是一个什么角色？客服、业务员，还是其他？事实上，如果你把自己当成业务员，那么你在客户的眼里也是一个业务员。想要得到客户的信任，就得明确自己的定位，这很重要。

关于这个问题最好的答案就是：销售人员在客户面前最好的身份是"创业者"。创业者不是销售人员，不是业务员，这个身份能最大限度地展现出我们跟客户之间的合作关系。这种关系中的角色地位比其他任何关系都要平衡。这也是销售人员最好的差异性。

差异性的根源在于人。当其他销售人员在苦苦哀求时，你却悄然成了客户的潜在合作伙伴，你的差异性会让客户耳目一新，那么他留在你身边的概率就会变大。

对于创业者这个身份一定要灵活运用，话术中其实有很多玄机，比如"我将来要创业"，这里面的关键词是"将来"。其实人们对于将来有可能发生的事情并不会太敏感，"创业者"这个身份的巧妙之处在于双方的合作在当下，客户成为你的人脉在后。客户从中会得到这样的信息：双方合作后，你会更用心地去维护他这个客户，因为这样他才能在未来成为你的人脉。从某种程度来说，这是一种交换的关系，客户大都是占便宜的那一方，这种获得感会让客户在整个交易中更有安全感，这就是前期引导的作用。

03

第三章

掌控情绪:
精准洞察客户的心理

做一个能够掌控情绪的销售人员

很多销售人员对我说:"乔老师做销售真是太厉害了。"每一次我都会告诉他们,所有销售人员都有可能被拒绝。这个世界上没有人能仅凭话术就搞定所有人。不过最牛的、最成熟的销售人员能够掌控自己的情绪,能够随时转换自己的情绪。你可能会觉得,情绪是最难掌控的,怎么能做到这一点呢?

在这里分享我的一个经历:

有一天,我为了上课中午没吃饭,下午六点半下课后点了外卖。当时我的定位是北京天坛饭店,三十分钟后外卖员给我打电话,问我在哪儿,我告诉他我在天坛饭店。没想到他质问我:"我怎么找不到天坛饭店?我真服了你们这些人了。"

试想一下,如果是你听到外卖员用这种态度说话,你会做何感想?

我当时非常生气。那段时间我的压力本来就很大,每天要连续站着讲六七个小时的课,遇到这种态度,我的语气也不好了,我说:"你什么意思啊?你为什么要对我喊呢?如果离得特别近,我们俩互相找一下就可以了。你喊什么呢?"

接着他问:"那我给你放在哪里?你不会用手机的吗?"

我更生气了,说:"那你别给我送了,扔地下就行了。"其实这个时候我的心态已经出现了问题,不过我的理智也告诉自己不要发火,不要让这件事情持续恶化下去。

冷静下来后,我觉得大家都很不容易。我更愿意相信是因为天气炎热,他担心派送超时得到客户的差评,情绪焦躁才会这样。

所以我们见面的时候,我说的第一句话就是:"不好意思师傅,我刚才情绪不好,你别见怪。"他则对我说:"对不起。刚才我着急了,你给差评吧。"我连忙说:"不可能给你差评,没事的。"

面对一件事情,如果能够换一个立场和角度去考虑,结果就会大为不同。如果能够站在对方的立场去思考,那么大概率会换来彼此的理解。

面对客户也是如此。不管遇到怎样的客户,拒绝也好,态度差也罢,哪怕他的反馈让你措手不及,你都要保持冷静,沉住气,换位思考后你便会发现他的决定有他的道理。如果因为客户朝令夕改就产生坏情绪,那么你就只能被困在情绪当中。比如之前提到的我的经历,要是因为坏情绪就不取餐了,一味地与他吵架,事情会因此而得到任何改变吗?当然不会。

事实上,我也时常遇到被客户拒绝的情况。不过我不会立马责怪客户出尔反尔,而是会反思自己在哪一个环节没有做好。对整个销售过程来讲,每一个环节都要非常精密,即便把每一个环节都做好了,结果也未必会如你所愿。但是如果有的环节没做好,那么成功的概率就会越来越小。

所以作为销售人员,你必须先冷静地反思自己,只有保持良好的心态,才能客观理性地分析客户拒绝的原因,接下来才能制定更加精准的应对策略。

端正自身的心态，理解客户心理

服务阶段必须掌握客户心理，这样才能更高效地把握整个成交过程的节奏。促成交易的动作要在客户考虑之前完成，所以前期一定要把每一步都规划清楚，这样才能够在无形中达到成交目的。

销售人员很难捉摸清楚客户的心理状态。那么应该如何面对客户呢？这里就涉及成交心理的一个核心点：如果你无法掌握客户的心理状态及他的心理变化，那么以任何态度去面对客户都是错的。

在没弄清客户心理状态的时候，任何语言的表达、任何方法的使用都很难撬动对方。也就是说，在没有方向的情况下，说出的每一句话都可能是错的。所以只要客户没有任何外化的表现，销售人员就无法捕捉到对方的信息，也就没有办法做进一步的观察和判断。

想要解决这个问题，就要做好以下三个方面：

第一，端正自身的销售心态。

第二，理解客户的心态。

第三，掌握客户的心理变化。

在本节，我们先来讲讲如何端正自身的销售心态、理解客户的心理。

子曰:"温故而知新。"作为销售人员,你应该端正自身的销售心态,经常回想自己在职业生涯中犯过多少错误,有多少次因为自身的问题导致单子没有办法推进。只有不断地自省、不断地更正、不断地精进,才能在未来的每一步中维持良好的心理状态。

高明的销售方法是用销售人员的心理状态影响客户的心理状态。影响是在无形当中产生的,如此一来,在整个沟通过程中,销售人员就会占有更大的主动权。

平和地面对成交结果

在把握人性规律的基础上,销售人员需要平和地面对成交这件事情。你可以回忆一下,在过去漫长的销售时光中,每一次与客户通话的时候,尤其是在刚刚与客户建立联系的阶段,你有没有在打电话之前告诉自己:这个单子我务必要拿下。基本上所有的销售人员都会这样,即便你没有表现得十分急迫,但是潜意识里已经有了这种想法。

想成为一名销售高手,你就要对自己的一切无比坚定。面对客户的拒绝,你自己对内的思考十分重要。你若把它当成真正的拒绝,那就是真拒绝;但你如果把它当成假的拒绝,那就还有机会。

其实,这些"拒绝"不过是对方无数借口中的一个而已。面对客户说"回家商量一下""等等再说""暂时不考虑了"的时候,你如果习惯性地陷入自我设限,认为又遇到常见的障碍了,那么接下来你只会看见一个灰头土脸的自己,并再次认为自己被打败了。但实际上这不过是客户在面临"掏钱"阶段时的自我保护机制。试想一下,当你自己面对消费时,是否也会开启心理防御呢?

销售心理学中有一句话说得特别好:"如果你想了解客户怎么想,就先要了解自己怎么想。"所以想要搞清楚客户拒绝的原因，就要先问问自己：我处在怎样的情形中才会拒绝别人？拒绝别人是你内心的真实所想，还是直觉使然，或者只是找个借口想要把事情延缓呢？

理性对待客户的惯性拖延

每一个人面对选择与决定的时候，尤其是在要掏钱的关键时刻，都可能会有一定程度的惯性拖延。

所谓"惯性拖延"是指习惯性地试图让一件必然发生的事情晚一些发生。作为销售对象，大多数客户都会有这种反应。

所以客户前期对销售的拒绝，是在合理范围内的正常表现，并不代表客户内心最真实的意愿。认识到这一点，再面对客户拒绝的时候，你就能够以旁观者的角度，云淡风轻地看待事情的发展和变化了。彼时，作为销售人员，你自然也能任由客户拒绝、拖延，只要不妨碍最后的成交结果，就可以最大限度地给客户自由空间。

当心理状态变得从容以后，销售进度自然就会放缓，紧接着你就会意识到自己之前做的很多事情及决定都有失偏颇。销售人员表现得急功近利时，无异于逼迫他人做出暂时无法做出的决定。换作你是客户，会作何感想？所以在销售中，要懂得换位思考，这样你会惊讶地发现："我不再对客户的惯性拖延耿耿于怀了！"

理解客户的心态

思考一个问题：有一天你闲来无事，便约好朋友去逛商场。那么你真的只是去闲逛吗？且不说最终是否完成购买动作，当你踏进商品琳琅满目的商场，真的可以单纯地停留在"随便逛逛"的阶段吗？

掌握客户消费冲动的开关

当然，我们不排除有的人确实是因为无聊才进去随便逛一逛，但这绝对是少数群体。当消费者从马路中央转身进入店铺的那一刻，他绝对是有消费动机的，只不过你无法在一瞬间捕捉到他消费的冲动点而已。所以你要在与客户接触的过程中，充分调动五感，打开所有的信息通道，去看看客户留意哪种风格的衣服，去听听他和同行人的对话，甚至通过嗅觉捕捉空气中对方的香水味，判断对方的品位及爱好等，然后再去评判对方有怎样的消费需求。

通过观察，你可以了解客户潜在的消费意向，这样你的成功率就会高很多。更重要的是，此刻客户已经在你身边，毕竟"近水楼台先得月"。你要明白，既然客户来到这里，就肯定有自己的需求，成交的契机正等着你去捕捉，你要做的就是做好服务。

留意客户心理状态的反馈

世间任何事物都会产生双向影响。当客户具有潜在的消费心理，那么这种心理必然就会以其他外在形式反馈出来，而销售人员就要根据这些反馈伺机而动。即便客户最后做出一些出乎意料的事情，也不要有任何情绪。你大可以当他是无意中犯了一个小小的错误，顺便又耍了点小性子，仅此而已。做到了这一点，你便可以平静地接受客户各种各样的心理反馈了。毕竟生活中的内耗无处不在，谁能更快地从内耗中抽离出来，谁就能拥有更多的主导权。这对销售人员来说十分重要，兵来将挡，水来土掩，便不会被客户牵着鼻子走了。

掌握客户的心理变化

销售人员在给客户定位的同时，也要给自己定位。要知道，只要客户出现在销售人员面前，哪怕停留很短的时间，他也是有意向考虑合作这件事情的。所以要坚定自己的立场，接下来无论对方说什么样的话，都要第一时间消化。你要做到把一切看在眼里，保持内心包容、面部喜悦、态度理解，这样才能淡然应对这一切。

上面是铺垫的准备工作。在接下来的铺垫过程中，我们则要以接纳的心理面对客户，这个环节应该由销售人员主动发起。

在客户的众多选择中，销售人员该如何在无形中只给客户唯一的选择呢？要用什么样的方法去引导他选择自己呢？作为销售人员，你要清楚地认识到，这是销售过程中非常重要的部分，它必须是隐秘的，要让"技巧"展示得不留痕迹。

当客户显露拒绝之意

如果客户回答"我考虑考虑""等等再说吧"，销售人员不必惊慌，只需微微一笑——当然不能是表达不屑的笑容，而是要表露出一种"这些反应尽在我的掌控中，您要是不这么说，我还纳闷了呢"的态度。客户会因为你的从容而认为你不是一个急功近利的销售人员，作为客户来说，他更愿意跟你这样的销售人员沟通。

建立意愿图像

建立意愿图像的作用是促进事情按照销售人员的意愿去发展。有效的解决方案的思路是：堵截出路才能指出明路。

销售过程中，客户如同一张白纸，在第一次接触产品及销售人员的服务时，销售人员与客户之间所有的对话都会在客户的潜意识里留下初步印象，而这个潜在的印象是销售人员很难捕捉到的。但是最初建立的磁场会影响他对你的判断，如果销售人员能抓住这微弱的"感觉气息"，那么客户就会对"立体化"的销售人员产生一定的好感。

学会信息植入

销售人员在与客户的互动过程中，需要无形之中植入一些信息。

销售人员可以化身"排雷员"，确定客户身边是否只有自己一个销售人员在跟进，客户是否主动联系了其他销售人员了解行情。中国有句古话叫"货比三家"，这种事情是非常普遍的。所以千万不要忽略这件事，否则就会犯下最低级的错误。

销售人员要积极询问："张总，我相信您之前也接触过其他的销售人员，因为在跟您交流的过程中我发现您在这方面很专业，了解得也非常透彻。如果没有其他销售人员给您做过指导，您也不会如此深入地了解，对吧？不过我很好奇，目前为止，您跟哪些销售人员联系，跟哪些销售人员合作呢？我没有其他的意思，只是希望能够更多地了解您，这样我未来再给您搭建服务体系的时候才会更加顺利。所以请您放心大胆地跟我说一下您的真实想法及需求，这样我也能感受到您对我的信任。"

按照上面的思路，接下来，客户可能会有两种动作。

第一，客户告诉销售人员目前他正在与哪些销售人员沟通，有的客户还会说出具体的沟通进展。

第二，客户会告诉销售人员其他同行留给他的或好或坏的印象。那么销售人员就可以在无形中探测到客户对于整个行业的看法及感受。想要得到答案，就必然得去提问。只要你问，对方一定会有某种形式的回答。

很多销售人员总是惯性防备一些事情，不敢大胆地去说、去讲，总是避重就轻地表达，显示出自己是"纯绿色，无公害"的。要知道客户其实也是这样的心理状态，你和他"打太极"，他就和你"打太极"。他也会对你说："别的销售人员只跟我介绍了一些产品功能，还没有跟你聊得这么深入呢。"所以你只有从明确的探测思路出发，才能了解到客户是否在与同行业的人沟通及进展如何，接下来才能有的放矢地运用你的销售策略。

两把钥匙，把握客户的情绪

整个销售流程就像一部精密的仪器，每一个环节都是这个仪器里面的零部件，如果想让这个仪器精准地持续保持良性运转，就要把每个零部件放在合适的位置，这样才能让最终整体效果最大化。

当客户开始滔滔不绝地向你介绍他从别的销售人员那里能够得到什么样的服务、产品功能有哪些、能获得哪些优惠时，作为销售人员的你就可以用以下两把钥匙，去解开不同的"锁链"。

第一把钥匙

当客户把了解到的信息抛到你面前时，你要对内冷静分析，对外检索漏洞，做到双管齐下。

很多销售人员在客户谈到其他同行时会感到不悦，甚至认为"这个客户似乎马上要跟别人合作了"，因而慌慌张张、自乱阵脚。有些性格冲动的销售人员甚至还会着急地去诋毁、贬低他人。显然这是不对的。面对这样的情况，优秀的销售人员在进行心理建设时是允许这种事情存在的，因为你如果控制不了一件事情，就要允许其发生。

此时此刻，一个销售人员要以专业人士的身份与对方沟通："我一直在认真倾听您说的这家公司的人和事，乍一听我觉得挺对的。"销售人员在这个环节中要体现出自己的特质，展现出自己的成熟和格局，最重要的是体现自己的自信心。要冷静地分析客户的状态，最好还能拿出高级的姿态赞美同行的观点："这个同行说得还是挺对的，从某些方面来说没问题。但是我个人觉得从您的实际情况来看，您还需要做出一部分改动。"

销售人员要告诉客户，如果他不做出调整，会带来一个什么样的损失，造成怎样的潜在风险。也就是说，销售人员在还没有植入产品，没显露出让对方购买产品的意图时，需要提前进行风险预测。

第二把钥匙

接下来，销售人员需要反问客户："张总，我们之前已经沟通过一段时间了，我一直没有向您介绍我的产品。这是因为我之前确实没有了解您真正的需求点，所以无法进行下一步的动作。通过之前的沟通，我看得出您很懂行，我想您可能也在与其他销售同行进行交流，我很好奇你们的进展如何？其他销售人员给您的针对性建议是怎样的？您可以跟我介绍一下，我可以从专业的角度帮您分析。"用这样的话术先进行探寻，再辅以冷静分析与漏洞检索即可。

销售人员还可以继续表达观点："虽然我不知道那位销售人员处在何种专业段位，但是他跟您说的那几个点还是很对的，所以我觉得他应该是一位资深人士，只不过他大概很久没有更新知识结构了。从专业的角度来看，结合您目前的实际情况，我建议您恰恰要避开他说的那个点，否则将来恐怕会出现一些问题。"

在这里,我以一个新的思路说一说该如何把握客户的情绪。之前已经解锁了漏洞查找关卡,那么现在就要进行铺垫:"前两天我这边有个客户有这样的情况。我和那个客户认识很长时间了,但我一直没有催他做决定,因为我觉得客户什么时候选择我,都是客户的自由,我急不来。说白了,我希望有更多时间和空间让彼此多交流,然后再说合作。但万万没想到他竟然跟其他的公司合作了。前两天他给我打电话,一直说被忽悠了,问我怎么办。说实话我也不知道怎么办,我又不能帮他解决这些问题。我跟您分享这件事也是想告诉您,不管遇到什么问题,您一定要提前咨询我,哪怕您不跟我合作也没关系,我一定会抽时间积极回答您的问题。就算我回答不了,我也可以咨询我们公司的核心技术人员,一起分析分析这件事是否可行,怎么做才更为稳妥。毕竟赚钱不容易,花钱也要仔细,所以有任何问题,您可以随时联系我。"

通过上面两点,我们就为同行设置了一道障碍门槛,客户在这个阶段选择别人的概率就降低了,我们的个人 IP 开始显现,客户会觉得眼前这个销售人员与众不同,而且非常靠谱。

要记住,销售新思维之一是个人 IP 一定要走在产品 IP 的前面,个人品牌也一定要走在产品品牌的前面。

在这里,整个销售思路就是完成堵截出路、指出明路的闭环。要给客户一个导向,就像我们设计一座迷宫一样,他如果想出来,就得按照我们给他设定的这条路线前进。这是"小损招",但是非常实用。

客户拒绝怎么办？用朋友的立场说服他

当客户明确拒绝时，销售人员无须心灰意冷，不要先入为主地认为这个客户一定留不住了。相反，要在接下来的沟通中注意以下两点：

第一，销售人员需要树立先跟客户成为朋友的意识。

第二，从朋友的角度及立场与客户进行交流。

假如客户暂时没有选择你，你更要打开自己的格局。你要去跟他说："虽然我们目前没有办法合作，其中必然有一些特殊的缘故，但是我想这绝对不是因为您不相信我。我在这个行业里工作多年，口碑也无须多说。您现在不选择我也没有关系，将来有一天如果您有这方面的需求，或者说您面临其他类似的选择，您随时可以来找我。当然，如果您身边的一些朋友有这方面的问题，也都可以问我。我希望您能够把我放在心里，因为不论在哪个行业，能认识一个懂行的人都是一件好事。"

接下来的流程就相对比较容易开展了。销售人员要站在朋友的角度，让自己留在客户身边，然后利用一些思路线索进行沟通。

像朋友一样适当地发脾气，反而能留住客户

虽然销售人员做事的出发点是为客户着想，但作为销售人员也要善于适当跟客户发脾气。很多销售人员可能会质疑：怎么能跟客户发脾气呢？跟客户发脾气是不是过分了？会不会把客户气走？会不会与客户发生争执？双方的关系是不是会陷入"滑铁卢之战"？

这就是很多销售人员都存在的固化思维。举个例子，你家孩子玩踢足球的游戏，把邻居家的玻璃打碎后跑开了，逃避责任。等到邻居找上门，得知消息的你一把抓住调皮的孩子，打得孩子哇哇大哭，一直喊自己错了，再也不敢了。打孩子难道就是不爱他的表现吗？俗话说"十年树木，百年树人"，孩子犯错时，家长没有抓住教育契机对孩子进行正确的引导和教育，那就会影响孩子的一生。爱孩子，就要给予适度的爱与严，否则，放任溺爱、默许纵容都将毁了孩子。

尽管在与客户沟通上，你的出发点都是好的，但在执行上就是要让客户知道你对他好，你是为他好才愿意这么做的，你把他当朋友，才跟他掏心掏肺。就像很多孩子从小受到家长的严厉教育，在青春期时都会觉得父母对自己不好，管得太严厉，萌生了离家出走的冲动。而当他们长大后理解了父母教育孩子成人的殷切希望，才能够体会到父母的用心良苦，才能释怀并理解父母所做的点点滴滴。

发脾气带来的影响有好有坏，销售人员对客户发脾气也是分角度的。假如你只是单线地说："张总，我为你付出这么多，你现在却这么对我，以后我绝对不会再搭理你。"出发点仅仅是满足你自己的私欲而已。因为你遭受到了不公，你需要通过直言不讳寻找自我平衡，与客户"针尖对麦芒"。而如果我们站在为客户考虑的角度去"发脾气"，这

时候客户不但不生气,反而会觉得你这个人非常踏实,认为你非常尽职尽责。

这里需要注意的是,销售人员发脾气的初心是为客户好。

举个例子:"张总,我现在真的挺气愤的,这次的名额你又没拿到。我气愤并不是因为没拿到业绩提成,也不是因为你不相信我,而是觉得实在可惜,之前我有两个客户,他们成交以后到现在收益已经翻了好几番。这次机会跟上次是一样的,可是你又没抓住,硬给推开了,我真是不能理解,这么好的机会多可惜啊。"

通过这样阐述的语气发脾气,底层逻辑是以客户的得失为中轴,这样,客户会觉得你这个人还不错,是真的为他着想。

适时展示强势的性格

当环境也就是条件允许时,销售人员要适时展示强势的一面,展示出自己的性格。性格有时候会影响客户的情绪,改变客户的想法,甚至能够引导客户的思路。当你能够引导客户的思路时,你在谈判中就会拥有极大的主动权,化被动为主动。

这里需要注意的是,销售人员的一切情绪出发点必须站在客户的角度去设置,这样才不会出差错。一旦改变出发点,从销售人员个人的角度出发,产生情绪,那就会出错。销售人员与客户就好比天平的两端,如果双方都以自己为中心,中心思想不断加码,就会打破天平的平衡。任何时候,销售人员都要站在客户的角度来说明问题:"我看您这么不珍惜机会,我特别心痛,我为您惋惜。"通过你的表述,把失之交臂的遗憾之情传递给客户，让他认为你是值得交付的人，也是值得珍惜的人。

有一句话说得好，真正好的合作伙伴一定是敢于展现真心的人，这从侧面也能证明销售人员交付事情的时候必定会竭尽全力。通过背后的"动真情"，你一定会转变为"靠谱"的化身。

给客户创造尽可能安全的成交环境

舒缓销售人员和客户的冲突

销售人员要想和客户顺利成交，给对方创造尽可能安全的成交环境尤为重要。销售人员的每一句话和每一个观点，应当都是客户所想的。客户是非常聪明的，有任何风吹草动，他们都会提高警惕，这就是客户跟销售人员之间关系的现状。

为什么你总觉得客户越来越难接近？并不是因为销售人员自身的弊端，而是客户越来越精明，因为他们已经"身经百战"。当我们面对一个陌生人的时候，会习惯性地去猜疑。销售人员也经常被客户猜疑，所以必须让客户在交流和付款时处在相对安全的环境当中，才能保证交易的顺利进行。

举个案例，有家公司销售的领带曾经被摆放在服装店的最前端，后来有一家商场做调研，发现这款领带的销量一直上不去。他们研究了调研数据之后发现一个规律：当商家把领带放在店铺的门口，消费者在驻足挑选领带时会被过往的行人碰到，这个时候，客户挑选领带就会不耐烦，会快速离开。后来，这个店铺做了调整，把领带放在了商店的最后一排，销售量反而增加了。这说明环境是非常重要的因素，它决定了我们能不能向客户传递更多的信息，也会决定客户在付款的时候是不是处于放心的状态，以及交流时你能否得到额外的信息，这些都是销售人员在塑造成交环境时需要注意的因素。

客户就像热带鱼，需要生活在适宜温度的水中，否则就会非常不适应。我们在跟客户交流的时候要消除对立，永远不要站在客户的对立面，而是要站在对方的立场，把双方之间的冲突化解掉。

用情绪树立自己的立场

如何缓解冲突，维护客户的立场呢？达到这个目的需要做到三点：

第一，合作节奏要适应客户需求。

第二，拥有战术同理心，让自己和公司解绑。

第三，培养付款心态，淡化付款障碍。

客户在最终交钱的那一刻不放心，是因为前期所有的成交障碍没有被消除。当你认为当前的合作节奏是客户适应的，就要迅速树立个人合作立场。

很多客户会这样回复销售人员："合作的事情，我再考虑考虑，等等再说吧，现在不怎么着急。"面对这样的情况，大部分销售人员会根据自己的论点跟客户博弈，一直追问客户为什么还要考虑。我要给大家一个反向的思路：当客户说这件事情要等一等时，这是客户发出来的一个信号,说明他已经开始防备你。这个信号一旦出现,你跟客户聊得再多都起不到任何正向的作用,因为客户在某种程度上已经告诉你他的心态了。

如果客户一直要考虑考虑,我们就用一个情绪论的观点,快速地树立自己的合作立场。我会表现出非常惊讶的神情,跟客户讲:"我今天来到这里跟您见面,主要是想了解您这边的情况。如果我解决不了,可能都没有办法跟您继续联系了。您是不是以为我是想催您跟我合作?您是不是误会了?"说这些话是为了快速树立自己的合作立场,用自己的立场击碎客户的警惕,给他一个意外的角度。

你可以继续说:"而且合作也没有那么简单,产品的功能参数和明细条款那么多,您得慎之又慎。钱的事情谨慎一点,这是合理的。我又不是强买强卖,就算您现在要跟我交这个钱,我都未必会收着,因为后面的麻烦事会很多。这个时候我们彼此了解不多,都不清楚后面有什么事,所以咱们别着急,慢慢来。"

以退为进拉近客户距离

销售体系必须出于人性的角度考虑,揣摩一下客户的心理可知,消费者一般会想:"你不要着急来让我做这个决定,选择谁还不一定呢。我等等再说,不要催我。"这是客户心里的潜台词,这个时候我们不要按照对方的想法推进,而是从反向的角度直接告诉他:"怎么可能呢?怎么能这么快呢?是不是误会了?"这就把销售人员的姿态树立起来了,达到非常稳定的状态,表现出销售人员自己也要求这件事情慢一些。击碎了客户的防备心理之后,我们就要开始树立个人的合作立场。

当客户想要考虑的时候，你如果像连珠炮一样一直追问客户为什么还要考虑、为什么还要等一等，就会让客户离你越来越远。当客户产生警惕心理时，我们一定不要向前去进攻，而是要往后退，以退为进，在退的过程中跟客户形成相同的观点，使双方达成同盟。这时候客户会觉得你是一个很稳健的人，他在你面前也不会有那么大的压力。没有了压迫感，他就会相对舒服，更有意愿沟通和成交。

战术同理心：让客户把你当成同盟者

巧用战术同理心

"战术同理心"的意思是让自己和公司解绑，表明"我跟公司的关系不大，只是公司下面的一个工作人员"。这一句话就把自己的立场定好了："我跟公司之间的关系没有那么近，但是我跟客户的关系比较近。"

你觉得是公司离客户更近一些，还是销售人员离公司更近一些？事实上，公司是一个冷冰冰的存在，客户是活生生的个人，他面对公司一定是在商言商的心态。但是，如果面对的也是个人，那么双方信任的基础会更牢一些。

在客户眼里，你是某公司的销售人员，在某种程度上，你就是公司的代言人。你说的话代表身后的公司，你的观点代表了公司的观点，你会跟客户有天然的距离。如果剥离这层关系，你跟客户之间的关系就会变近，所以你、客户和公司之间的关系从最开始的对立变成了三角关系。刚开始的时候，客户眼里的你是公司的代言人，但是你把自己跟公司之间的距离拉远一点，就形成了客户、你、公司的三角关系。你跟公司的距离越远，跟客户之间的距离就越近。这样一来，你和客户交流起来就会更加便捷，双方就可以建立同盟关系，从而促成交易。

减少责任的背负

销售人员在客户面前，应当尽可能少背负一些责任。你背负得越多，你跟客户的交易生命周期就越短。有的时候，我与客户聊了很长时间，引导对方下单的话术也说了好多遍，但是客户就是不为所动，因为客户已经疲劳了。你把自认为最有分量的话全部说给客户，只会增加成交的难度。你也没有必要跟客户讲"你是我的兄弟"，这样也会让销售变得被动。

在跟客户沟通的阶段，销售人员一定要拉近跟客户的关系，但同时也要讲明公司才是最终提供价值的一方，销售人员只是公司和客户的联结点。我们用这样的思路跟客户说："虽然公司绝对不会答应，但是我们的关系很近，我跟您是一条战线的，所以一定会尽力帮您争取。我在公司赚的钱，不会因为做成这单生意有很大改变。但是，如果我能够维护好跟您的关系，一定是我获利，我能获得更多的资源，所以我愿意为您去做这些事。"

比如，客户要求我做些我无能为力的事，即使我现在不想答应他，我也需要应付一下。我会告诉他："这件事您让我找公司解决，但是公司绝对不会管这件事，因为涉及公司就会受到局限。从我个人的角度来讲，在我的权利范围之内，我什么事都能帮您，但让我去和公司商量这个事没法办，因为无规矩不成方圆，公司的规定不可能随便更改。所以，这件事情我不能答应您，但是我会竭尽全力去做，争取让结果超出您的预期。"

当你的客户和你砍价，认为你卖的产品价格比较高，而且挑公司的毛病时，你可以用这样的话术："您的要求从公司的角度来看，一定是过分的。我们公司在价格上已经给客户让利非常多了。但是，您这个要求从我的角度来看不过分，谁赚钱都不容易。我希望公司可以满足您的要求，毕竟有很多老客户就是因为这个要求没有被满足，不跟我合作了。我如果有决策权，早就同意您的要求了。您一定能理解这件事情，我一定全力以赴地帮您办，但是千万不要怀疑我有没有尽力，因为公司那部分利益跟我没有关系。"

这样说不但没有让自己承受任何压力，而且为自己树立了一个非常值得信任的人设。

04

第四章

铺垫流程：
提前化解潜在障碍

摸清客户的底牌，化解潜在障碍

摸清客户的底牌是通过前期的"排雷"工作来逐渐完成的。凡是客户提及同行给他的参考意见，你都要表现出不可思议的样子。比如："张总，这怎么可能？我在这个行业干了这么多年，也没有看到过这么恶劣的情况呀！您可不要开玩笑，怎么会这样呢？"

我们要通过充分的质疑，激客户说出更多的细节。这时候你就要跟客户说："您刚才说的这些内容，我真的是太惊讶了，简直不敢相信。我从事这个行业这么多年，从来没有听过这样的事情。如果您还用原来的思维和认知看待这件事情，无论您遇到哪位销售人员，都极有可能吃亏。我这么说只是想告诉您，您在选择其他同行时，如果愿意，可以提前跟我交流一下，我不能100%保证让您满意，但至少可以帮您做一些专业的分析和判断，避免您上当。目前，我能做的也就是这些了。"

销售人员要跟客户摆明自己的立场，在没有谈产品项目前，抛开成交的目的，先表现出不可思议、难以置信的感觉。要让客户从你的不可思议中感知到这件事情超出了你的认知范围，从而让他觉得你不会做这样的事。

谨慎"排雷"，挖掘客户隐藏的信息

作为销售人员，只有掌握谨慎"排雷"的技巧，才能迈向成交。这里说的"谨慎"并不是日常说话时的谨慎，而是谨慎对待客户的所有问题，谨慎对待客户说过的关键点。比如你是金融行业的，你就要跟客户说："您之前有没有跟其他同行合作过？效果怎么样？"把问题抛给客户后，客户会跟我们讲清楚过去事情发生的来龙去脉。虽然客户只是跟你阐述这个事件本身，或者给你大概的结论，并没有说出曾经被欺骗的具体细节，但恰恰这些细节才是至关重要的。

在"排雷"的过程中，这些细节才是促成交易的关键。这个时候，你要跟客户说："当时他是怎么跟您承诺和保证的，您就轻易相信他了呢？我看您在这方面还挺有经验的，做事也很谨慎，怎么轻易就掉进别人的陷阱里了呢？我真的很惊讶。"在刚才的对话里，一定要提炼出来一些问题，帮助你摸清客户的细节，通过这些细节了解和掌握客户是什么性格的人。比如，客户跟你说："他们当时真的给我承诺了，也保证达到什么什么样的效果，可交完款人却消失了，最后也联系不上了。说的时候挺好，最终却翻脸不认人，他们分明就是欺骗，我现在都不敢相信别人了。"从这段对话中，你能找到很多关于客户性格的核心要点，我们能够看出，这个人经受不住承诺，或者说这个人对于承诺是没有抵抗力的。

当客户传递出最终成交意愿以后，"那个人就消失了，把我欺骗了"。如果客户说这段经历的时候，他整个人的状态是非常激进的，那说明这个人是疾恶如仇的类型；反之，如果客户说这件事的时候表现得不以为然，那大概率说明这个人对于这件事情已经释怀了，对未来这类事情再次出现也已有所准备。

刚才的对话中还有一个信息点，就是客户之前合作的销售人员明明说得好好的，但最终成交以后，就找不到人了，这是他之前踩过的坑。我们在谈判的后期，跟他去介绍产品服务的时候，一定要把这部分转化成我们的优势和筹码，这样才能拉开我们跟其他人的差距。我们可以这样跟客户说："张总，最近这两年，我们除了追求提升产品质量以外，更多地将侧重点放在了售后服务上，要下大力度维护好客户的口碑。我们的产品质量在整个市场已经属于顶级的了，但是我们更希望我们的客户口碑能在行业里首屈一指。"

在摸清客户过往合作经历的时候，询问细节是在谈判的初期阶段完成的。销售人员在收集和掌握客户的相关资料、线索后，不要着急反馈出来，要仔细梳理和总结，在后期向客户介绍产品的时候，巧妙地避开他悲惨的经历，塑造我们的优势，从而迅速拉开我们与其他同行的差距。

当然这里不排除客户之前与别人的合作都很愉快的情况，在这种情况下，客户没有理由选择你，自然也没有你说话的机会。这个时候我们也有相应的策略，可以告诉客户："您以前选择的合作对象虽然很好，但是随着行业更迭，您在过去合作里的认知已经落后太多了，很多信息已经过时了。"我们要以辩证的思维方式去应对各种情况。

与客户深层沟通

我们还要与客户深层沟通，以得知更多的信息，你可以问客户："您在过去合作当中有哪些地方不满意，哪些地方没有达到您的心理预期，还有哪些地方是您非常满意的？"然后再进一步地挖掘细节："张总，我知道您之前跟其他的公司合作过，但是您现在选择我，我相信您希望追求更好的合作方式，追求更优质的产品。我想更多地了解一下您内心的真实想法，毕竟我们未来有可能会达成合作。我很好奇，整个合作过程中什么地方是您超级满意的，什么地方是您一般满意或者不太满意的，您都可以跟我说说，这样我才能更明白您的需求侧重点，努力做到让您满意。"

通过这段话，我们可以测出来四个点：客户满意的点在哪里？不满意的点在哪里？超级满意的点在哪里？非常不满意的点在哪里？这些点也是我们的谈判资源和筹码，是成交的门槛。

销售人员在前期挖掘的各项内容都是为产品的出现做铺垫的。如果客户这样阐述："（在之前的交易中）最满意的地方是产品的某某功能，不满意的地方就是提供的售后服务，服务质量很差劲。"这时候，我们就已经把对方深藏的筹码挖出来了，在后期谈判的时候，根据掌握的这些细节，我们可以告诉客户："您说的那项某某功能，我们早在两年前就已经实现了，现在我们不仅在原有产品功能的基础上进行了升级，还积极构建了产品售后服务体系，提高了售后服务水平。"

我们挖掘客户与其他同行合作的悲惨经历，其实就是在为销售我们的产品做铺垫。

尽可能挖掘更多细节

在销售的铺垫和建立信任阶段，我们所做的每一步都是"排雷"的工作。客户突然不同意跟你合作，有可能是因为潜在的问题集中在一起爆发了。那么如何化解客户与你合作的潜在障碍呢？要把多个细微的产品问题，一个一个有针对性地解决。

比如，客户想要买一款保险，但他对其中的某一个条款内容不是特别满意，他可能会挑出产品的无数种毛病。这些不满叠加到一起，就可能成为成交的障碍。所以，为了避免这些障碍出现在最终成交的阶段，我们一定要把这些问题提前处理好。

我们要经常给客户传递这样的信息，比如："在我们行业里，这款产品的框架和脉络都非常复杂。消费者有权利知道更多信息，但是消费者最终想得到的是产品的效果，希望产品能够满足自己的需求。我希望我们能达成合作，所以，您不需要纠结产品的功能，只需要让我来帮您解决问题。您的问题得到解决才是最重要的。"

如果你害怕在成交阶段出现问题，就要在谈判过程中解决这些问题。举个例子，客户想跟你合作，但他不是决策者。这时候一定不要等到成交阶段再解决这个问题，不要等到客户说"我考虑考虑，这个事我做不了主"的时候再去挽留和解释，那样一定来不及。所以，一定要在前期检测出这个问题。

又如，我们想知道谁是决策者，可以说："您对我们这个行业如此了解，之前是不是和其他公司合作过？"他如果说有，我会说："为什么合作的效果一般呢？"此时，无论他跟你的同行合作得好不好，客户在你面前通常都会说不好，因为这样的姿态能够让你更加重视他。你可以继续问："您说之前的合作效果不是很好，当时就没跟其他人商量吗？"此时，你要显现出非常好奇的状态。如果他说没有跟别人商量，是自己决定的，我们就能够判断出他自己就是决策者，这样就不用担心客户在成交阶段还要跟其他人商量的问题了。如果那个时候他还要和其他人商量，那大概率就是在找借口。如果客户前期已经做出承诺，那么这个承诺就是我们谈判的筹码，到成交阶段再出现这种问题，我们就不会变得非常被动。

在整个的销售流程当中，你害怕成交阶段出现什么问题，就必须在前期把它们挖掘出来，让所有问题在你们建立信任的阶段浮出水面并一一解决。

销售流程就如同一台精密的机器，只有里边的零部件都完好无损、不出任何故障，才能确保这台精密的仪器能够顺畅地运转，发挥其最大的功效。所以在前期必须下足功夫挖掘客户的细节。只有在这个阶段把客户所有的痛点了解透彻，接下来的沟通才会非常精准。

我们在搜集客户常规细节的基础上，还要把客户的一些背景摸清楚。比如，客户现在的家庭情况如何？家庭结构大概是怎样的？最终做决定的人是谁？现在谁能影响他做决定？他现在有可能发生的变化有哪些？这些都需要进行预判，只有把这些顾虑点及模糊点全部掌握好，你才能更好地把控销售局面。

"反刺探"提问：挖掘客户信息，掌握报价主动权

在前期铺垫沟通的环节里面，客户肯定是要问价格的。这时候就需要"锚定价格"，也就是说，销售人员在报价的时候可以用一种模糊的报价法，大致做到让客户心中有数。这一步需要自己把握，要确保把价格报给客户的时候，他不会去深挖和追问，也不会拆穿你故意"模糊不清"的行为，这是重点和难点。

比起被动地回答问题，销售人员更应该学会给客户提出问题。毕竟我们的精力是有限的，有效地进行提问，可以筛选出更有价值的客户，找到哪些客户是真正有付费意愿的。

这个时候，好的提问技巧就很重要了。

举个例子，我有一个学员是某公司的负责人，他公司的全部销售人员大概有300人。他希望我去做企业培训，给他们讲线下课程，然后便问我价格。在这个行业里面，有很多的同行会以客户的身份来询问价格、打探底价，我们该怎么去区分呢？当客户问你课程的单价是多少钱时，没有销售经验的人可能会直接说一天10万元，结果直接把客户吓得不回信息了。

遇到这样的情况，很多人都不知道怎么处理。不报价，担心错过机会；报价了，又担心对方是个探子，把自己的底价摸清了，怎么办呢？结果陷入两难的状态。所以对方来刺探你的时候，我们可以在既不把价格报出来，也不得罪客户的情况下，反其道而行之，做一个"反刺探"提问。

面对这种情况的时候，我会说："您也理解，现在这个行业比较乱，最近有很多人找我做培训，但是也有很多人不是真心实意地来咨询课程，就是来问问价格的。当然，我并不是怀疑您，只是想跟您仔细地了解一下，再给您报价。只有了解清楚培训的内容及方向，我才能在培训课程的设计和授课的效果上达到最优，所以我需要了解一下您这边的情况，您方便回答吗？"

"反刺探"提问

接下来，可以问客户三到五个问题。如果使用微信文字沟通，不要一条一条发问，而要把两个或者是三个问题打在同一条信息当中。

第一个问题：您的公司品牌叫什么？

第二个问题：您这边大概有多少人参训？

第三个问题：参训的人具体都是什么岗位的，属于哪类人群？

第四个问题：所有参训人员是否都来自同一个城市？

第五个问题：您是贵公司什么部门的负责人，对于这件事情是否有决策权？

以上五个问题是由浅及深的，对方的反应也是不同的。

解析对方的答案

公司品牌是什么？如果真想接受培训，对于这个问题的答案，对方会脱口而出。

参训人员有多少？这个时候对方需要思考一下。

参训人员具体都是什么岗位的，属于哪类人群？面对这个问题，对方就要动脑了。

所有人是否来自同一个城市？此刻，对方会越来越深入地思考这个问题。

您在公司中是什么职位，是否有决定权呢？问题难度在不断地加大，整个思考问题的路径变得越来越狭窄。

以上五个问题，可以问客户其中三个或四个，当然想要拓展至六到十个也可以。为了避免对方失去耐心，最好不要超过十个。

事实上，每一个问题都是单点性的问题，但是通过对方回答的快慢及态度的坚决程度，你能够找到一些线索。品牌、人数都是可以张嘴就来的，但当问参训人员都是什么岗位时，如果他心里没底，回复就会比较笼统。当问他这些人是否来自同一个城市时，如果他不是真诚地想与你合作，那么他的回答会更心虚。尤其是在双方通电话的状态下，临场反应就会暴露一切。

也许有人会说，如果对方对所有问题都能对答如流呢？只要思考一下，也可以做出基本的判断。比如，如果他提到的企业是个不知名的品牌，但培训人数有1000或2000，这明显是不合理的。如果参训人数是300或1000，都来自同一县城，那么这个答案也是存在问题的。

进入报价环节，必须把握节奏

　　作为销售人员，在报价阶段必须让整个报价节奏缓下来，然后在对方回答的基础上去做一些判断。

　　在面对客户的时候，销售人员也是可以主动的，有很多的机会可以取得主动权，关键要看用什么样的思路。在问对方问题的时候，销售人员要有充分的理由，就像之前提到的例子中，销售人员了解客户的详细情况，是希望在接下来给他设计课程的时候，能够使培训效果达到最优，这也是对客户负责的一种表现。所以，一定要让对方对你的提问挑不出任何毛病。

　　记住，不做功课就直接报价的销售人员一定不是合格的销售人员。事实上，很多销售人员都败在了价格上，他们往往在报价以后连说话的机会都没有了。但是如果销售人员了解对方的详细信息，就能够以方便为客户提供更好的方案和服务为由，在打造真诚靠谱人设的同时，为自己争取更多的时间。

四个步骤完成产品介绍

销售人员在与客户的交谈中切入产品时，不可能一蹴而就，因为客户的思想不可能完全按照销售人员的思路走。

任何产品，当它第一次被拿到客户面前的时候，都无法让客户100%满意。比如你是一名第一次跟客户接触的保险销售员，此时不论你的项目多么优质，品牌多么响亮，客户依然会表示不满。因为人永远不会知足，换作你是消费者，你也是如此。

再举一个例子，很多人会说"等赚够钱之后我就退休了""等赚够钱之后我就不干了""等赚够了钱我就养精蓄锐，到处游山玩水"。但当你问："你觉得赚多少钱算多呢？"他马上就哑口无言。由此可见，欲望是在不断增长的。客户作为消费者，自然希望花最少的钱，办最多的事。所以即便对产品很满意，客户依然会说"我再去其他家对比一下""我再研究研究""我再衡量衡量"。

所以作为销售人员，你要做的就是在与客户沟通时，把整个销售流程分为多个步骤，然后把每个步骤都做到最好。这是一个积累的过程。比如今天你与客户见面沟通了一次，这就是一次积累。如果每个步骤的满分都是一百分，这一次你做到了七十分，下一次你做到八十分，经过日积月累，平均分数能达到九十五分，这就是很棒的销售人员了。所以在每一步的执行层面上，你都要稳住心态、稳住性子。

在销售谈判之前，如果你从消费者的角度去面对产品，你就能更好地洞察客户的心理，从而促进成交。因此，向客户介绍产品时，要有一定的思路和策略。

销售人员向客户介绍产品的流程大概可以分成四点：

1. 制造平衡点，是维持住客户现阶段的情绪。
2. 打破平衡点，是让客户现有的情绪出现一点点问题。
3. 修正平衡点，是指从销售的角度把事情做得更好。
4. 塑造价值点，是指提供心态价值和精神价值。

可以说，这个流程是针对消费者的心理设计的，掌握好这四点，几乎就可以搞定产品介绍。

如何做好这四点，我们在后文详细介绍。

制造平衡点：客户对产品不满意怎么办

制造平衡点在于销售人员从专业的角度看到客户看到的角度。客户面对产品的第一反应不会是100%地接受，他会在心里留有余地。这是因为人们总是不愿意承认自己的第一感觉，尤其是在花钱的事情上。

人们总是不愿意快速地做出决定，因为我们认为自己花钱的这部分是付出，所以一定要慎重考虑。这是典型的"支出拖延"。为此很多服装店卖同款衬衫要进很多种颜色，就是要让顾客有多个选择。对顾客来说，这就意味着自己有主动权、选择权，有选择的余地，他会觉得自己很安全。相反，如果客户觉得自己没有足够的"余地"，就会心存芥蒂、产生情绪。销售人员在介绍产品的开局阶段要做好准备，接受对方对产品的不满。你可能会说："如果我接受客户的不满意，岂不是等于承认我自己的产品有问题？"别着急，我会教你一套组合招数，来详细拆解你心中的疑虑。

要想布局好整个流程，就必须先让客户反映出来类似的情绪。

首先，在介绍产品之前，要提前做好心理准备，接受客户对产品的不满意。

其次，接受不等于赞同，客户有自己的观点很正常。作为销售人员，不反对客户，但不等于客户就是对的。

客户对产品初次表达不满意的时候，销售人员具体应该怎么去说？

举一个做企业培训的例子，因为疫情，很多线下课程都受到了很大的影响，业务很难开展，所以行业里很多人准备把线下课程转换成线上的课程。这时候就出现了一个问题：很多传统企业的老板担心，把线下课程突然转到线上，培训效果会不会大打折扣？此时，普通的销售人员就会全力辩解："您说得不对，不要这样想，我们有我们的道理。"面对这种情况，我的观点是不要急着反对或赞同，而是让客户先去理智地分析问题。

我会很淡然地跟客户讲："张总，起初我们公司对这件事的看法与您一样。毕竟线下课在学员互动和参与方面与线上课不同。另外，线下课还有一些好处，比如学员们有任何问题可以及时得到反馈，而且大家集体在现场听课，吸收效果也会更好一点。"没错，就是要这样说。当发现自己与客户产生了不同观点的时候，不说其他，只去展现销售人员从自己的角度看到了客户看到的那个点。

再举个简单的例子，假如你是做股票投资的销售人员，你对客户说："当下的市场是这样的情况，您现在应该拿出一部分资金来跟我合作。"这时客户说："我曾经与你的很多同行合作过，但合作效果非常差，所以我现在不敢做这种投资了。"其实任何行业的销售人员都会遇到这种客户，他们会说"我现在没有办法相信你""我想再考虑考虑""我想再仔细研究研究"，等等。

然而，作为销售人员，你对客户过去的经历根本无从考证，所以根本不需要急着跟客户争论，你只需要对他说："张总，对于这个项目，每个人的看法都不相同。在有些投资人眼里这也许是一个巨大的机会，但也有人会觉得这就是一个坑，毕竟大家看待事物的角度不一样，所以我很理解您的想法。当下市场确实鱼龙混杂，什么样的机构都存在，甚至很多机构会给您做出超出他们能力范围的承诺，这一定让您产生了纠结或者怀疑。对于您担忧的事情我非常清楚，您有这种谨慎的态度是正常的，但是哪怕您最后没有选择我，您终归还是需要冷静地去选择一些项目，毕竟人总是要向前走的。"

这就是让客户达到自我平衡的状态。当客户因为之前糟糕的经历不敢相信任何人的时候，那么对他来说，不再做出另外一种选择，就是心理平衡的状态。此时不要贸然打破这种平衡，反而要去稳住他心理的平衡点。

销售人员要第一时间站出来，理智、冷静地从专业角度分析当下情况。作为销售人员，你不只要看到他看到的"点"，还要多加一些专业人士看到的"面"，进一步给客户的纠结理由加码。这样客户就会觉得自己所有的想法、所有的决策都是对的，这是他的平衡点。一定要让客户在那个点里停留一会儿、反应一会儿。这对客户来说是极度舒适的状态，因为此时销售人员与客户之间是平视的关系，双方在看待这件事的时候，意见是统一的，这是制造平衡点的核心思路。

实际上，这只是销售人员的一个策略。用这种方式能让客户觉得，在这个行业里，你不会像其他销售人员那样粉饰太平，而是会客观、理性地对待行业现状。这是你展现出来的自身亮点。

要知道，90%以上的销售人员，在面对客户不同的观点时，会第一时间进行解释。从心理学的角度来说，这种做法恰恰表明当事人在逃避，甚至意味着他是在跟客户进行对抗。要知道，一个人对眼下事情的判断，往往基于以往的经历和经验，而并非对当下的客观分析，这是人们的惯性认知。曾经有一篇国外的报道介绍了一个小女孩，她在5岁的时候骑马受伤，后来长到了25岁，依然不敢靠近马，这就是典型的逃避。

还有一个案例是记者向已婚女士提问："当你的老公回家很晚且喝得烂醉如泥，这个时候你会对他发脾气吗？"很显然，大部分女性都会发脾气。不过请你仔细想一下，虽然丈夫喝酒晚回家是客观事实，但这个事实并不会直接导致妻子产生情绪。也就是说，这个情绪来自人在成长过程中形成的观念。如果妻子觉得，男人在外面赚钱养家很辛苦，老公出去喝酒就是去应酬了，都是为了工作，那么这个时候她一定会依靠在丈夫的身边说一句："老公辛苦了。"但如果妻子形成的观念是男人喝酒晚回家就是出去鬼混了，那么她自然就会有情绪，发脾气也是情理之中的事情。

由此可见，一个人对事物的判断往往都是根据自己的经验做出的。所以当客户对一件事情产生怀疑的时候，销售人员的解释无异于是在挑战他的观点，甚至是在挑战他的经验。这样的销售人员在整个销售流程中往往是没有优势的。所以，当客户持不同观点时，销售人员先要肯定这件事情的存在，然后讲述一下自己从专业角度看到的一些问题，去补充客户的理由。这是一种"润物细无声"的方式，能让销售人员在客户心中的形象变得与众不同，让客户认为这个销售人员稳重踏实。那么等到他心理平衡并且逐渐冷静下来之后，一个在他心中形象良好的销售人员再去跟他说任何事，他便会很容易接受了。

这是一个连锁反应。情绪往往能够主导一个人的行为，那么给对方建立一个平衡点就能消除情绪。

打破平衡点：剖析可能存在的问题

销售人员能把客户稳住，就说明已经消除了客户的一部分情绪。其实，很多客户都是因为心里有情绪，或者觉得销售人员不靠谱、目的性太强，才会拒绝的。一旦消除了他的部分情绪，客户便可以认真地听销售人员讲解了。这也是建立平衡点的目的所在。接下来要做的是围绕客户的观点进行话题延展，比如客户的观点现阶段存在的偏差、可能会引发的问题。围绕"现在存在的问题"和"未来潜在的问题"这两个点去展开，实际上是打出了一套"组合拳"。

1. 现在存在的问题

我们依然用线上课程和线下课程的转化举例。销售人员可以这样说："张总，您所说的这个问题，我们也认同，但是如今线上培训是大势所趋，是未来培训行业的重要组成部分，因为它不仅方便而且高效。很多人会认为线上课程没有线下课程交付效果好，这有些以偏概全，线上课程的优势不是交付方式而是运作模式。就拿我们的线上课程来说，正常情况下，我们的每节直播课程都会有专业的助教老师去跟课，每一场直播培训结束后会有有针对性的测试，之后我们还会监督学员去实操落地。我们打破了常规的授课思路，通过这种运营模式实现了线上课程的交付效果优于线下课程。"

推敲一下这种话术，你会发现其中没有任何一句话是在指责客户的想法，销售人员只是在告诉客户他在做什么、是怎么做的。接下来，你就要说一下客户现阶段存在的问题。

"张总，您的想法目前来看是完全可以推进的，但是有个问题。现在学员每年都要参加大量的线下培训，很容易出现疲态，到那时，再牛的老师、再好的培训内容也很难产生好的效果。即便每个学员每次听课只花费两天时间，那么十几人、一百人又要多少时间？这无疑会浪费员工的时间成本和企业的资金成本。所以我建议先把员工的学习状态调整好，再去开展课程，这样我们把时间向后面延一延，怎么样？"

谈到客户想法在现阶段存在的问题时，不要立刻引导他转变想法，要依旧保持客户原有的心理平衡，甚至可以按客户的思维帮对方做出专业的判断，找出解决方案。这时候，客户会觉得这个销售人员是在客观、公正且不掺杂任何私心地帮他，因为你发现了他的问题，又没像其他销售人员那样顺势植入自己的产品。自然而然地，销售人员在客户眼里会显得非常透明，没有那么强的目的性，那么销售人员便做到了真正意义上的"利益避嫌"，这是典型的反向思维。也就是说，你可以找客户的问题，但前提是你给出的解决方案一定要远离"成交""合作"，而且越远越好，这样才能体现出你所有的改善建议是客观的、真实的，这样的立场最容易被客户信任。

2. 未来潜在的问题

"未来潜在的问题"要由销售人员从自己的角度引出。还是用线下课程来举例，如果已经讲清楚了客户现阶段存在的问题，对方依旧固执己见，销售人员此时就要建议客户暂时放慢节奏。这其实都是站在客户的角度考虑问题，全心全意地为客户着想。销售人员没有要求对方按照自己的想法做，只是给对方一个相应的策略——放慢线下课程的节奏，然后就可以提及未来潜在的问题。如果未来线上课程的趋势越来越好，到时候也许对方就会改变策略，那么欢迎他随时向你咨询。

在提供给客户的解决方案中，销售人员从头到尾都没有植入自己的产品，也没有提到关于自己利益的部分。也就是说，销售人员没有掺杂任何私心，只是给客户指出了一个未来有可能出现的问题，提供了一个未来对方可能会选择的选项。一切都以引导为主，即便循序渐进地带入产品介绍，也不是要求对方第一时间选择它，而只是提供一个选项，帮助客户应对未来可能会遇到的问题。在向客户推介产品之前，销售人员如果能通过引导的方式，让自己的产品成为客户心中的备选项，就已经超过了 90% 以上的销售人员，这会让后面跟进的过程非常顺利。

修正平衡点：给出解决方案，树立好的形象

修正平衡点有三种方法，包括数据修正法、案例修正法和预测修正法。

1. 数据修正法

数据修正法是销售人员通过在客户心中树立良好的形象，增大自己的产品被选择的概率。

上文提到，要让产品先成为客户心中的备选项。但客户的选择范围不会只有这一种产品，那么如何突出自己这个"选项"的竞争力呢？

此刻你的心里也许会产生疑问："老师你费了这么大劲，难道要重新开始吗？"此言差矣。销售思维当中最重要的一条线叫作"让个人 IP 走在产品 IP 的前面"，也就是先人后事的原则。MBA 的一门正式的课程中，提到了菲利普·科特勒的著作《营销管理》。菲利普·科特勒在营销学界的地位相当于霍金在物理学界的地位，他在这本书中阐述的销售逻辑基本上都是"先做人后做事"。销售人员在不确定客户是否 100% 相信自己的时候，不要去进行产品推介。一味地跟客户介绍产品有多么好，根本无法让客户相信。所以销售人员在前期才要做那么多工作去实现"利益避嫌"，让客户觉得自己是很靠谱的、值得托付的人。一旦销售人员在客户心中形成了这种印象，客户的心里就很可能容不下别人了，自己的竞争优势就会非常明显。

这绝对不是夸张。不过是否能让客户"容不下别人"，取决于前两招平衡点方法运用到了什么程度。如果运用得娴熟、精准，那么你在客户心目中一定是不可替代的、值得信任的人。即便此时你的产品在客户的心目中只是一个选项，那也会成为首选。

还是那句话，销售人员与客户之间是买卖关系，彼此之间最敏感的因素就是买卖因素。如果你能在沟通过程中把买卖关系隐藏起来，那么结果一定超乎想象。

2. 案例修正法

案例修正法就是告诉客户，同行业中已经有多少比例的人群开始布局，他们是如何布局、如何规划的，最新动向是什么。简单来说，就是用客户同行案例去进行说明。

再回到线上课程和线下课程的案例中来。在之前的沟通中，我们已经向客户传递了这样的信息：如果未来有关于线上培训类课程的需求，可以第一时间来找我。紧接着该继续什么话题呢？在这里我要提醒你，千万不要把学到的这些话术一次性说出来。每次沟通的主题不要太多，比如上次的目标是打破平衡点，沟通后的结果也达到了自己的心理预期，那么就可以暂时结束交流了。等到下一次再沟通的时候，可以跟客户这样讲："张总，您那边线下课程的效果目前还在我们预测的范围内。"如果客户说："这个线下课程最近还不错。"你就可以说："那挺好。原本我以为学员很快就会出现疲态，但现在还好。不过您也要做个准备，因为从专业角度分析的话，现在线上课程的势头非常强劲，我这边80%的客户开始有所动作了，所以建议您也提前做好布局。"

3. 预测修正法

预测修正法就是告诉客户，在接下来的一段时间中，这个行业中可能会有99%的人进军或者转到这条线上来，也就是预测大概率的事件。

销售人员要把以上三个点全部阐述出来。事实上，这三个点起到的都是引导作用。"无形成交"的核心，就是把所有的动作变得非常隐秘，在这个过程中，销售人员只向客户展示自己的人品。这是一个高级的销售思维。

这里可以延展一个知识点：如果客户已经在跟别人合作开展线上课程了，而你想把客户撬过来，那么也可以运用这个思路。比如，可以告诉客户这样的理念——多一个选择总比少一个选择要好。销售人员无须要求客户今天就跟自己合作，选择权永远在客户这边，至于什么时候选择自己，一切都是客户说了算。这样一来，销售人员把自己放到了客户的备选项当中，就有机会在日后慢慢地塑造自己产品的价值。

如果客户依然非常纠结，又该怎么办呢？你可以继续引导他："张总，您之所以到现在为止都下不了决心，是因为每个人对未知的事情都不会特别坚定，人们对未知的事情都是恐慌的。但万事总要有开始，您说对吗？"这番话的用意其实就是巧妙地运用未来和当下的关系，淡化客户当下的纠结点。

以上内容中出现了一个高频词——"引导"。为什么要引导而不是直接讲出来呢？其关键点就在于我们的销售体系更侧重于关注人性的弱点，突破人们的惯性认知。

举个例子，如果有人现在问你今年多大了，你很可能会不假思索地说出自己的年龄，这是习惯使然。对待其他方面也是一样，每个人都习惯通过某种直觉去判断一件事情，而很少思考事情的本质是什么。所以通过不断的引导，销售人员的思维就会慢慢改变客户的惯性认识。

塑造价值点：让客户看到你的价值

如果你完全按照以上流程做了，那么不出意外的话，客户应该已经开始渐渐地接受你的产品了，只是目前还没有做出购买的决定。那么下一步就可以运用"假定成交"的方法塑造心态价值和精神价值。

假定成交思路很简单，就是假装已经成交，可以算是一个稳单的状态。整个流程下来，你不要直接讲"张总，我们去签合同吧""您给我们汇款吧"，只要假定这件事情已经发生了就够了。你可以跟客户说："张总，您今天做的这个决定是正确的，现在市场上很少有差异化很大的产品，要找一个优质的产品固然重要，但更重要的是找到一个真正为您解决问题的人，相信不久的将来您就能感受到我的服务能力。"

普通销售人员犯的最常见的错误就是急于求成，在言谈举止中不断地暴露自己成交的目的。甚至很多时候，客户本来对你很有好感，却因你的急功近利退缩了。这种情况很常见，销售流程就像一部精密的仪器，每个环节都需要精心打磨，需要时间成本，如果某一个环节出现问题，那么一定会影响最终的结果。所以不要着急，过于急切只会让客户加强防备。好的销售人员往往会拉长战线，流水不争先，争的是细水长流，这样最后的成交才会水到渠成。这就是塑造心态价值和精神价值的成果。

完成这个步骤以后，就是等待客户打款的阶段。这绝对不等于工作完成了。作为销售人员，为了让订单平稳完成，可以在这个阶段给客户讲两个故事，体现你的销售动力和销售承诺。这也可以看作塑造价值的一部分内容。故事如何讲到客户心里去呢？以下两个故事供你参考，相信你也能找到属于自己的故事。

1. 体现销售动力的故事

"我为什么要去做销售人员？我也知道钱是好东西，但我做事的动力绝不仅仅是钱，至少现在这个阶段并不是完全为了钱。在这个行业这么多年，我确实赚到过，但我认为自己最大的收获是我的老客户，他们给我的反馈就是我最大的动力。我是一个普通人，可能无法成为栋梁之材，为国家做巨大的贡献，但是我能在自己的领域帮助别人，很多人因此感谢我，这就是我在这个行业中最大的动力。"

这个故事并没有绕到产品上面去。因为销售人员要意识到，此时客户已经做好决定，只等打款了。如果在这个时候提及任何关于产品的事情，无异于向客户催款，这会让客户极度不适。所以想要稳中求稳，这个故事就是最好的强心剂。此外它还有一个作用——消除客户过多的顾虑。在客户潜在的很多顾虑还没有出现时，销售人员就用自身的品质动之以情、晓之以理，稳定了客户的心态。

2. 体现销售承诺的故事

"我有一个客户，孩子都在新西兰。他一个人在国内的时候养了一条狗，一人一狗感情非常好。后来他去了新西兰的孩子家，临走之前把狗交给我了，托我把这条狗照顾好。结果那个客户在新西兰去世了，这期间一直都是我在照顾这条狗，因为我觉得既然已经答应对方，就应该负责到底。我大概养了那条狗两年，直到老人的子女把狗接走。"

这个故事一方面能够展现销售人员的重承诺，另一方面也会给客户一种代入感，让他认为这个销售人员是信守承诺的人。不要认为这样的故事浮夸，每个人都是感性的。虽然对方不会因为一个故事而改变主意，但他一定会因此而受到影响。

记住，在客户默认接受或已经接受你的产品以后，一定要避开产品，绕道而行，把所有的话题都落实到人的层面。这不是说产品不重要，而是人更重要。

05

第五章

建立信任：
维护关系是成交的前提

说服客户的本质是什么

人情层面的关系分为产品要素、关系维护、感受信任三个方面,了解这三个方面,就能够了解客户产生信任的根源。

第一个层面:产品要素

产品要素就是指产品质量、产品价格等,每个产品都要有这几大要素。当产品出现的时候,你就已经开启"避重就轻"之旅了。任何产品都不是完美无缺的,但只要产品能让客户满意就可以了。

当然,销售人员坚信产品完美的信念是没有错的,但不要过度执着于这件事情,当你了解了客户想要和不想要的产品分类后,我们的产品就能够成为他想要的。完美与否完全取决于我们自己。这里需要注意的是,不要过多思考产品完美不完美,如果产品真的趋于完美,火遍市场,供不应求,自然就不会有销售人员的存在。这里要确立一个信念:在掌握销售线索和了解客户心理状态的前提下，不要抱怨产品的缺陷，要始终坚信自己的产品永远都是最好的。

第二个层面：关系维护

关系维护就是日常交流，你跟客户的沟通质量等于关系维护的质量。质量好与差有什么区别？如何证明你跟客户的沟通质量是好的？有没有可量化的标准？我们跟客户的沟通往往都没有达到目的，每次与客户沟通，都要提前罗列想要与客户沟通的内容，都会纠结彼此的关系能否更进一步。这里需要考虑的是，客户能否感受到你传递的热情，能否认可你这个人。如果你不能确定的话，那就说明沟通质量不佳。

销售人员在与客户通完电话或者见完面后，要确保客户对于与自己的会面抱有一种意犹未尽的感觉，彼此同频，聊天感受愉快，特别期待下一次的沟通。只有实现这种沟通的张力，客户才愿意主动和你表明需求，才会和你说能够做决策的人是谁、自己是因为哪些因素才产生购买产品的念头的。在每一次沟通和交流中，销售人员都要不断地在这层关系里面植入自己的人设。

第三个层面：感受信任

如果客户接受你，你的产品就会轻而易举地被接受；相反，如果客户不接受你，那你接下来所做的事情可能都是徒劳的。要始终站在客户的立场上考虑问题，必须思考如何让客户重视你，如何让客户感受到你也非常重视他。

销售人员在表达为客户着急的场景时，可以通过情绪来传达自己的心意。比如："其实我不是为了拿您这单的提成，而是为您感到可惜。我手里的这些客户的收益都翻倍了，我最信任的朋友反而没能得到最终的收益，这让我觉得非常过意不去，是我做得不够好。我希望您能明白，有些人是为了赚您的钱，但有些人是真心实意想帮您的，还有些人会尽最大能力帮您实现效益最大化，您不能一直用老眼光看待您面前的人。"

我们要用类似的语言反复向客户强调，让他在脑海中形成潜在意识，慢慢地接受眼前的你，让你在客户心中留下深刻的印象。

在当今社会，想要获得客户的信任绝非易事，它甚至可以算作个人软实力的一种体现。信任的作用非常容易被人低估。很多时候，销售人员与客户没有办法最终达成合作，就是因为在前期没有把建立信任的功课做好。

销售的本质是建立信任

大家看到过很多销售类书籍，但是把说服力和销售综合在一起的却不常见。我认为说服力和销售能够合为一体，不论我们面对的客户社会地位有多么高，无论他有多么雄厚的资产，不管他取得过什么成就，他始终是一个有血有肉、有情绪的人。因此，销售产品的核心是说服客户做出购买决定。

我们要确定自己的身份是销售人员，我们手里的产品分为两种：第一种是实物产品，这是客观存在的产品，我们需要用这个产品和客户做交易，比如，美容行业给客户提供的套餐里包含的服务项目就是功能性产品；第二种是销售人员的特点、性格和品质等。这两种产品共同组成了销售人员所持有的产品。

这两种产品我们都很熟悉，作为销售人员，我们主要卖第二个产品，本质上是销售人员这个"人"。客户是购买者，无论他的社会地位有多么高，他的身份都是消费者，销售和购买的过程则是人与人之间对垒和博弈的过程。人与人在交流当中，很少依靠客观的视角，更多依靠感性的判断，成交的基础就是人与人之间的信任。搭建双方的信任是促成交易的关键点，也是我们的突破口。

我们应该以什么样的姿态面对消费者，跟消费者快速地建立信任，这是每个销售人员必须面对的问题。

于我而言，建立信任是说服对方的过程。其实，一个人长得很好看，面相很憨厚，看起来很可信，并不能让双方立刻建立信任关系。如果我说的一句话能够被对方接受，一定是因为每一个环节都经过了认真仔细的搭建，从而达到了说服的效果。说服不是一蹴而就的事情，而是一个闯关游戏。如果想让对方接受你的观点和建议，就必须不断化解游戏中的障碍，逐步达成双方的互信。

如果让你现在去说服一个人，你觉得自己身上具备的最核心的价值是什么？你认为自己身上的哪些品质让你看起来更有说服力？是诚信、自信、专业，还是其他的价值？当我们拿出一个品质的时候，要让它成为吸引对方的一个点。说服对方是最终的目的，在这一过程中的每一个环节都是不可跳过的，每个环节都会有不同的策略。

建立信任的底层逻辑

我们已经知道了，在销售的铺垫过程中，如果我们已经取得客户的信任，最终得到的结果一定不会太坏。

在讲建立信任的方法前，我们来聊聊，我们与客户建立信任的底层逻辑到底是什么。

客户的防备心，源于我们的对立关系

正常情况下，客户和销售人员之间的关系大都是敌对关系，中间掺杂了大量的利益纠葛。在开场阶段，双方的关系绝对不会有多牢固，这是人性使然。所有的社交关系都建立在等价交换的基础之上，客户在初始阶段不认为你和他建立了等价交换关系，而是认为你在赚他的血汗钱，觉得他自己花的每一分钱，都可能流到你的兜里。所以我们最初跟客户交流时，信任分数一定是负分，客户总是会对你做"有罪假设"，即便你

心胸坦荡，真心希望帮他解决问题，他依然会认为你在赚他的钱。这时候，客户对你处于天然的防备状态。那么，如何去破解这个难题呢？

在固有的销售思维当中，我们总是把客户跟销售人员之间的关系当成买卖关系。销售人员从跟客户建立联系的那一刻开始，精神就容易紧张，总是催客户："您什么时候打款？您什么时候合作啊？"销售人员一直期待着一个结果，但在期待的过程当中，你暴露了自己的目的性，客户看到你的目的性之后就会变得极其敏感，他不会认为你在光明正大地赚钱，而是倾向于假设你在投机取巧。

从销售人员的角度来说，在跟客户建立联系的初期，乃至在销售的整体过程中，销售人员都要忘掉成交目的。很多人认为，做销售就是以成交为目的，以赚钱为结果导向，怎么可能忘记成交目的呢？这没有错，但是一定不要在客户的敏感期显露出过强的成交目的，让客户产生抵触心理。

把买卖关系换成信任关系

我们要搭建信任关系，而不是买卖关系。买卖关系完全是在商言商，这种关系过于理性，而每一个成交结果都是出于感性得到的，只有跳脱出买卖关系，你才能激发对方的感情，使对方做出成交的决定。

为什么客户不信任你？为什么要忘记成交？为什么在客户的敏感阶段，不要频繁地把产品拿到客户跟前？因为你和客户之间的信息高度不对称。

我们跟客户建立关系都是从陌生的状态开始的。他做什么行业，有什么学识和背景，我们都不知道。我们所处行业的具体情况，这个行业里面的专家的观点是什么，产品的详细功能和参数是什么，对方也都不清楚。所以，我告诉很多销售人员，在下单的那一刻，几乎大部分客户都没有完全搞懂产品。比如，保险的销售人员自己都不敢说100%地懂保险的各项条款，你的客户怎么可能弄明白？

  这时我们要转换自己的思路，厘清两个问题：客户想要什么，以及我们能给客户什么。不要让客户过分在意你的产品参数和条款，因为客户不可能在短时间内彻底了解产品的功能，他对于产品的讨论是在给自己造势，想表现出对销售人员的掌控感。实际上，客户真正追求的是产品最终的效果。客户买保险是希望未来老有所依，出现意外的时候有人帮助；客户买汽车，则是希望出门办事时能够更加方便快捷；买护肤品是希望自己显得更加年轻，皮肤更加有光泽。每个人购买产品一定是有自己的需求的，如果客户的需求完全得到满足，他对产品的细节就不会太过在意了。

维护信任，需要注意的三个重点

在整个销售流程中，甚至是在生活当中，如果能够在交流中第一时间取得别人的信任，那就会节省大量的沟通成本。

如果别人信任你，感觉你这个人非常实在，你就会给他留下良好的第一印象，即使你身上存在这样或那样的缺点，他也会倾向于相信你，这就是信任的力量。如果能把信任关系完全搭建成功，那么销售人员在后期与客户沟通、推进交易的过程中，就一定会获得先机，获得额外的收获，自然而然地也就能掌控成交了。

关于信任这个话题，本节没有任何一个知识点是来源于书籍的，全部源自笔者多年的销售经验，全都是对经验的萃取。作为销售人员，如果你能够认真地去汲取、去感悟，我相信你在开展销售工作的时候就会轻松许多。

接下来，我们说说维护信任必须掌握的三个重点：

1. 寻找销售线索

在推销产品之前，销售人员和客户沟通的重点就是销售线索。销售人员要先了解客户消费的线索，否则就不能把产品快速推荐出来。等客户介绍完自己的情况，销售人员就可以引入"重新理论"，即重新开启一个话题："这个产品不仅能满足您基本的需求，还有很多的附加功能。如果您的朋友看见这件产品，他会很羡慕您能够先知先觉地选择了正确的产品。而且您先人一步体验了产品的效果，在这个行业当中，谁先参与，谁就会对这个行业的事情有所了解，那么就会有很多人向您咨询相关的事情。"

知己知彼，百战不殆。销售人员提前找到销售线索，其实就是让接下来的每个步骤中的障碍变得更小一点，最终增加跟客户谈判的筹码。

2. 成交目标

好的成交目标是敢于公之于众的。在与客户沟通的过程中，销售人员应该告诉对方自己为什么跟他沟通，为什么跟他聊这么多，归根结底是因为作为销售人员的你能带给客户整个市场上限的东西。客户可以暂时不选择与你合作，他大可去考察这个行业里其他人是怎么做的，而销售人员要做的就是向客户证明，自己能够说到做到。

销售人员要自信地、十分有底气地告诉客户，自己做这件事情，不完全是出于金钱方面的考虑，而是在这个行业里面，"我"才是那个能看到客户需求是什么的人。要让客户知道，"我"一定是他在这个市场上遇到的顶尖的销售人员。这是销售人员要去塑造的一个核心点，想要达到成交目标、达到预期的效果，就要让对方有足够的购买理由。在当今这个产能过剩的时代，浅显的成交效果和目标不足以打动大多数的客户。但是如果你能找到更深层次的价值，让客户感受到成交目标是公开透明的、可以公之于众的，这就是你的可贵之处和与其他销售人员的不同之处。

3. 要懂得洞察客户的真实想法

在销售行业里能够走得长远的人一定能够洞察人心，自始至终都知道客户是怎么想的，这是销售人员最大的信心来源。

我曾经做过软件推广、投资类型的项目，那时候客户就反复表示："我现在的资金不够用，整体资金情况比例不适合去做新投资，需要等一等。"

这时候，我会对客户讲："到您这个阶段的客户都会有很多的顾虑和想法，以我十年做销售的经验来看，每一个客户在每个阶段会出现什么样的想法，我都了然于胸。而您现在的想法就是再等一等，看看我们的项目效果如何，您再去做决定，对吧？其实终有一天您会做出选择，无非时间早晚而已。您今天做出的这个选择，的确存在赌的成分。但是如果您不选择我，也会选择其他人，同样也存在赌的成分，最终无论选择谁都没有100%确定的事情。您在犹豫的时候选择了相信我，那么我自然也会对您加倍用心服务，既然如此您为什么不选择我，让这个赌的成功概率更大一点呢？"

这就是直接洞察到客户的内心想法。销售人员与客户交流的时候，一定要从人性的角度出发，比如刚才提到的话术，客户选择我有赌的成分存在，不论赌的成分是大还是小，在最终的结果没发生之前，谁也不知道结果会如何，即使签了这个合同，他心里还是琢磨不定的。但是他爽快地选择了相信我，那我自然会比其他人对他更好。毕竟办事拖拉的客户是最不受销售人员待见的，销售人员在成交的那一刻会如释重负地想"终于成功了"，随之而来的就是一种报复的心理，具体表现就是不会为客户提供优质的服务。

所以跟客户交谈时可以坦诚地告诉对方，在销售领域里从业者是怎样看待客户的，这样，客户的思路就会非常清晰。所以一定要运用好底层逻辑，把最真实的话讲出来，客户听完自然会对你产生信任。

我一直强调，要让个人品牌走在产品品牌的前面。在产品和它本身的价值都不出现的情况下，要先培植个人品牌，不要与客户硬碰硬，要设法解除你与客户之间"天敌"的关系，要在沟通中，把彼此的"底牌"拿出来。

销售人员可以直接与客户说："其实很多公司和销售人员的名声不是特别好，并不是因为他们本身有问题，而是销售人员在与客户交流的过程中耗费了大量的时间和精力，在客户无数次的拒绝以后，最终有一天成交了，那么前期积压的所有辛苦付出和无数次的拒绝会在这个销售人员的心里化为怨恨，这样一来他可能就不愿意为客户提供更好的服务了，这是符合人性的。所以与其犹犹豫豫，倒不如当机立断，在该做选择的时候干脆利落，得到您应得的回馈和回报，结果可能会比您想象中的还要好。"

"您努力去信任一个人，得到的可能不全是好的结果，但一定不会特别坏。"这是销售人员要跟客户讲的核心点。有些人对以上的观点可能还有些接受不了，但是它绝对是销售人员需要掌握也是急需掌握的。

情感信任：感性的表达更能打动人

让客户100%地信赖自己，是我们在整个销售前端、建立信任的这个阶段力争实现的一个目标。而在这个过程中，你会发现感性的表达不仅不会降低客户对你的信任程度，反而还会增加，这会帮你节省至少1/3的沟通成本。很多销售人员在沟通时总是先退让一步，导致整个销售流程受到影响，一旦形成惯性，销售人员就会表现出一种发自内心的胆怯，所以销售人员前期要做到以下几点。

1. 契合对方的兴趣点

作为销售人员，如果你想让客户跟你多说话，更加信任你，你就要让客户有机会展示自己的优秀历史和成就，满足他的表现欲。比如，当客户面带微笑跟你讲话的时候，你要通过面部表情和肢体动作，甚至一个眼神，表现出感兴趣的样子。你可以激动地说："然后呢？""真的吗？""怎么可能！"就像沈腾和马丽表演的小品一样，沈腾问马丽："你上班天天混日子，怎么还能得到领导的喜欢呢？"马丽就把自己的秘籍说出来了，说："小同志，我告诉你，这些事我轻易不跟别人说，今天就跟你说一下。每次我们领导在开会的时候，他只要抛出一个观点，我马上给他一个质疑的表情。这个时候，领导一看我这个表情，他就会认为，这个小同志怎么回事？他怎么对我还不服？这个时候，只要领导一解释，我马上就给领导一个恍然大悟的表情，这个时候领导也会会心一笑。"

面对客户也是同样的道理。当客户开始描述一些事情的时候，销售人员要进入他的语境当中去。在客户说话的时候，销售人员要专心致志地听，等他的话音刚落下的时候，你就要假装愣一下，证明自己在思考他说的这个问题，要让他知道你在沟通中被他吸引住了。

当销售人员问"然后呢""真的吗""怎么可能"的时候，说明他对这个话题很感兴趣，而人们在对方难以置信的情况下，都会有解释的冲动。对于销售人员来说，就是要尽可能多地去引导客户讲话，在客户讲话的过程中掌握更多的线索。所以我们可以用这种表现自己感兴趣的方法，契合客户的兴趣点，从而提升客户对我们的信任度。

2. 阐述独立观点

面对客户的反对建议，销售人员要做到不接受也不批评，然后阐述自己独立的观点。

你要跟客户讲："您说的这个观点，我觉得有一点小问题，但是我保留建议。虽然有很多销售人员都顺着客户讲话，但我做不到。我不认为这是一种正确的做法，相反，我觉得他们是在毁自己的口碑、毁自己的品牌，我是绝对不会这么做的。您刚才讲的有一部分内容确实很好，但也有一部分内容不是很专业，还有一部分内容有点偏激。我这么说，希望您别生气,我只是表达一下我自己的看法。"

你看,从销售人员自身的角度把观点独立阐述出来,这件事情就已经成立了。

行为信任：如何说话和做事才能获取信任

行为信任就是通过沟通和做事的方法获得客户的信任。

不一般的"一般般"

这里所说的"一般般"是带双引号的，这是一种示弱的状态。

工作中，我经常对客户说："我们公司这种模式在行业内一直是被人排斥、被人怀疑的。在创业初期，经营的目的必然是赚钱，这是毋庸置疑的。但是几年之后，市场上同质化的产品越来越多，我们发现自身缺乏核心竞争力。所以，在接下来的时间里，我们开始大力培养核心竞争力。我们公司的老板坚持宁缺毋滥的原则，也就是说即便客户再大，只要质量不高，不能通过合作宣传公司，就可以放弃。他常常告诉我们，如果想在一个行业持续做下去的话，就要懂得'养伤'，修复客户的口碑，进而让我们在客户中的口碑成为市场的标杆。他甚至还说过'可以两年不赚钱'。我们希望跟着拥有这样格局的领导去做，所以我们仍然选择坚守。这就是我们公司现有的模式。很多时候销售人员给您打电话，并没有急着催您做决定，而是用更多的时间向您介绍、做好前期服务，目的就是有一天您看到这个品牌、看到销售人员这个人的时候，可以在别人面前说，这个人很好、很出色，这个品牌很靠谱。这就是我们在市场中最大的存在价值，也是未来能够攻克整个市场最大的资本。而其他公司可能还处于事业发展期或是整体上升期，不会放弃机会，随波逐流。这就是我们的区别。我们不能像别人一样给您承诺什么，唯一能做到的就是尽最大的努力让您满意，获得您的认可，甚至有一天让您能够向别人拍着胸脯替我们保证说，这是一家真正敢为客户负责的公司。"

上述这段表明自己"一般般"的自白，会让客户十分受用。示弱的内容是客户最想要的内容，也是销售人员想要向客户表达的内容，目的就是最终让客户信任自己，感觉自己是靠谱的。

任何一个产品都可以找到这样的一个角度。沟通期间，我们不要去催客户干什么，每一步都是通过引导的方式进行的。我经常和客户说："你可以选择其他公司，但我会真诚地告诉你，我们公司更加注重什么。"

找到产品的一个缺陷

在前期搭建信任的时候，销售人员必须在这个过程中找到自己产品的一个缺陷。比如，你可以对客户说："张总，刚才咱们聊这么长时间，我觉得您对这个产品有很好的印象。我知道，货比三家的观念在中国传统消费者的心中是根深蒂固的，我跟您聊得非常投缘，也没什么好隐瞒的，很多产品并没有宣传的那么好，包括我们的产品也有一点瑕疵。虽然洗护类产品的实际效果是真实存在的，但不论是广告宣传，还是听别人介绍，都会存在一些夸大的成分。这款洗发水的香味过浓，持续时间长，有可能会影响到您身边的人，有人认为这是优点，有人认为这是缺点，这也是我们的一个顾虑。"

　　找到一个客户可以接受的产品缺陷，会让客户放下所有的警惕心，其作用不容小觑，甚至能够弥补产品其他的更大的缺陷。要知道，所有的产品必然存在缺陷，如何把缺陷转变成优势，是值得大家去思考的一件事情。

了解客户过往的经历，再去打动他

了解客户过往的合作经历有助于销售人员扬长避短，具体可以分为四点。

第一点：了解

销售人员需要了解客户跟别人发生过什么不愉快的经历，科学"排雷"。比如，你可以问："张总，我发现您很专业、很有经验，您之前是不是跟别人合作过？合作的效果怎么样？"如果对方说："合作效果一点都不好，这些销售人员像骗子一样，说话一点都不靠谱，我现在很难再相信你们。"面对客户激烈的情绪，作为销售人员，你要镇定地回答："张总，我非常理解您，前期有一些不好的体验的确会让人沮丧。但是我在这个行业里也有几年了，无论最终有没有合作，都没有人说我不好。我真诚地把您当朋友看，没有催您合作，也没有逼您做决定，虽然这不能说明什么，但至少我是真心为您着想的。我也很好奇，之前与您合作的销售人员对您说了什么？您怎么听人家说完就合作了呢？"

在沟通中，通过一系列的提问，引导客户说出自己的经历、自己前期和销售人员说过的话、为什么要合作。要把客户说的这些经历都记录好，以便让后续交流中不再出现任何与客户不好的经历类似的内容。可以说这个步骤就是"排雷"，销售人员如果不了解这些，就有可能在与客户对话的时候，因为说了某句跟原来那个销售人员说的一样的话，而触及客户的痛点，导致全盘皆输。

第二点：判断

主动询问客户的经历，借机判断客户的性格，以此指引销售人员以何种方式为客户服务。

比如，客户说："我当初就抱着试一下的态度，毕竟钱也不多，就想跟他合作一下，看看效果怎么样。"通过这件事情，你可以判断对方是个容易冲动的人，在推荐的阶段，他会因为某一个情绪触动了他，就选择购买。这种性格一旦形成，是很难改变的。

再如，客户表示在合作过程当中，突然发现销售人员不理自己了，或者发现销售人员给的效果没有达到预期，曾经给出的承诺都没有做到。这时，销售人员就要根据客户的反应，判断客户的性格。客户可能会说："我当时想着认了吧，毕竟当初是自己选择相信的。"还有的可能会说："我气得差点报警了。"你要判断对方是一个激进、冲动的人，还是一个会咽下苦衷的人，客户的性格决定了你给客户的承诺的大小。如果客户说"反正是我自己选的,就这样吧",那么他一定是一个可以忍耐的人,容错率更高;相反,对于性格激进、容错率低的客户,你给他承诺时就要小心地考虑一下。

第三点:谨慎

要始终保持谨慎的态度,尤其是在选择客户上,避免"大意失荆州"。我一直认为,销售过程从头到尾都不讲成交,但是每一步都要为成交做铺垫。

比如,我经常和客户讲:"张总,我们俩也认识这么长时间了,实话讲,现在在这个行业里面,我也不敢轻易去相信客户了,多年来我积累了大量的客户,大家对我的评价都很好,所以我在开发新客户方面更加谨慎了。我当然也想开发新客户,谁不想赚得更多?但是首先我想把自己的口碑做好。张总,我们的合作可以等一等,我不想您因为一时冲动而选择信任我,万一您发现彼此的关系并没有那么好,反过来给我差评,那就不好了。所以我想问问您,对于这个项目您是怎么想的?是抱着试一试的态度,还是 100% 相信我?因为只有能满足客户九分以上需求的时候我才能做这件事,低于九分甚至等于九分,我都不会去做。"

想象一下,客户听完这些话会有什么感受。把事情说得越严重,对方就会越慎重地去对待这件事情。通过这样的方式能换来客户的真诚,以及对方的坦诚相待,这对于销售来讲是最核心的事情。

第四点：尊重

尊重客户是销售人员最基本也是最重要的品质，是开启合作的基础。有的人自尊人格低，有的人自尊人格高，自尊人格高的人往往非常坚忍，不过这种人一旦受到了伤害，也会是受伤最深的人。

销售工作中有一个底层原理，就是"尊人者，人尊之"。真诚就是最大的尊重。当拿出真诚的心态来面对对方的时候，不论对方是"富二代"、高管，还是商业巨鳄，只要真诚相待，不论对方有什么反应，销售人员说的每一句话就都能在他的心里产生影响；而对方在某一个时刻想起你曾经说的每句话，都会有非常好的印象。不必奢求每一句话都说到客户的内心深处，你会发现信任无非就是我对你的承诺有没有兑现，你对我的承诺有没有兑现，一旦没有兑现，不仅会对双方都造成伤害，也是对于双方信任的一种辜负。信任不是用简单的话术就能搭建起来的，而是在相当长的一段时间里，通过若干个小细节的累积而最终形成的，一句话、一个动作、一个行为都有可能让信任瞬间遭到破坏。所以要真正搭建这种信任，就要发自内心去尊重，尊重客户、尊重事业、尊重自己。

学会借力，铺垫自己的"可信赖人设"

有些人本身看起来就会让人有信赖感，这样的人往往特别懂得塑造自己。

如何塑造自己呢？顶级的销售人员不会轻易出场直面客户，所以我们在开场的时候，尤其是与客户交流的过程当中，需要学会借力，安排一个人配合你，起到绝佳的铺垫作用。借到的力越多，意味着你在中间承受的力就越小，承受的力越小，就越具有话语权。谁讲故事，谁就决定了事件中人物的轻重关系。

举个例子，有人问我："乔老师，我看你今天状态挺差的，讲话的语速也慢了许多，是不是发生什么事了？"我回答他："昨天晚上，我出去和朋友聚餐，喝了点酒，回家晚了，爱人骂了我一顿。"这里面的责任人是谁？是我爱人。

我们换个思路，把这个责任人的身份推给我的朋友："别提了，昨天晚上下班的时候，碰见我一个老朋友叫我一起吃饭。本来没打算喝酒，吃完饭准备走的时候，朋友太热情了，不让我走，又一起喝了点酒，喝着喝着就多了。我爱人打电话，我没接到，回到家她就生气了。"

同样的一件事情，从不同的角度、不同的侧重去阐述，就变成了另一个故事。

接下来我们再换个角度，把责任人换成我："昨天下班的时候，我遇到了几位朋友，相约晚上一块吃饭，顺便谈谈心。大家很长时间没见面了，好不容易聚在一起，就一块喝了点酒。朋友家里有事想先走，我劝着没让走，结果回家晚了，我爱人非常生气。"

在整个故事中，责任方是谁取决于你如何阐述，它可以是任何人的责任，其中责任比例的分配，是值得我们玩味的部分。

回到刚才提到的铺垫环节，自己的中坚力量不要向内借太多。在自我塑造时，向客户传达你曾经经历的部分不需要表达特别多，超出容量度的表达会让客户觉得虚假，所以我们要借助其他人的力量表达。

我有一位姓孙的朋友，他在公司中特别擅长给他人做铺垫。有趣的是，这个人自己的业绩很差，但经过他铺垫的客户最终签单的成功率极高。最后公司破例把他在中间环节的铺垫也加到了销售流程之内，属于铺垫环节，会给他一部分利润。

他会说："我不知道他能不能给您打电话，但我可以提前告诉您，在整个行业里，他非常有名气，今天我好不容易才约到。不管您跟他合不合作，他都不在意。如果想了解专业的事情，您一定要拿好笔和本仔细记好。他说的内容，在市面上任何平台和机构都听不到，您最好从现在开始就盯住手机，保证电话畅通，确保能够第一时间顺利接听，一定要认真听。"

经过他的铺垫，你再跟这位客户打电话的时候，客户是什么样的状态？他还能用普通的眼光看你吗？这时候，客户心里已经有了预期，开始给自己描摹美好的画面。经过身份的铺垫，你再次跟客户打电话时，客户一定会倍加珍惜，害怕失去这次机会。可见铺垫有多么重要，有铺垫这样的撒手锏配合，才会让成交实现于无形，经过铺垫的人设也会更加立得住。

想让你在客户心目中成为专家，做铺垫的这个人应该如何说？他可以说："他是我们行业里边的什么人，曾经做过什么样的事情，得到过什么样的荣誉……"这些都是铺垫权威专家人设的基石。假设负责任是你的一贯作风，铺垫你的人可以这么说："这个人在业内的好评率基本上是100%，而且客户也很多，属于不缺客户的类型。他这个人有个特点，经常会为客户做一些合同范围以外的事情，会把客户的一点点需求看得比自己的事情还重要。"

如果你的团队里面有位业务员接了一个大单，联系了很长时间还是没成功，业务员也没有办法了，你就需要为员工做"嫁衣"。这个时候，你需要通过铺垫的方式切入，可以拿起电话跟客户说："您好，我是小李的领导，月底我们会对意向客户进行汇总统计，我看您跟我们联系这么长时间还没有合作，我很好奇这其中的缘由。刚才我去找小李了，看他有点失落，他平常很乐观的，从来没见他这么伤心。我问他是什么原因，他说对一位客户真心付出了很久，能做的服务也都做了，可还是谈不拢，对方迟迟没有合作。这也是我给您打电话的原因，作为领导也得对下属表示关怀，帮他解决问题。您这边具体是什么情况，可以放心地跟我说说。"这样，你在与客户沟通的过程中及时树立了业务员的人设，把责任从业务员的身上揽到了你这里，让客户说出了他的顾虑。

客户说："唉，我就是担心被骗，万一钱花了，最后服务还不好，那就闹心了。"这时候你可以说："我还以为是什么事呢，实话跟您说，小李这孩子业务能力很一般，但是他对客户的好真是没的说。他的客户好评率极高，要不然客户怎么愿意介绍身边的朋友给他呢？"接下来你再用具体的事件作为支撑，这样会更有说服力。

由外及里影响对方，建立信任

由外及里建立信任可以从三个维度出发：第一个维度是宏观维度，也就是行业维度。第二个维度是中观维度，也就是企业维度。第三个维度是微观维度，也就是个人维度。我们要跟客户建立信任，慢慢地影响对方，这才是最好的方式，而不是让自己和客户对垒。最悄无声息的影响是从外围一直渗透到合作关系，就像靶子一样，从最外层一点点递进，一直到核心点，由远及近，由外及内。

第一个维度：宏观维度

宏观维度分为三点：第一，行业竞争；第二，行业规模；第三，行业潜力。

无论你做什么行业，都会有竞争。行业的竞争、规模和潜力，你全部要有大概的了解，进而去影响客户的选择方向。

举个例子，如果你是金融行业的销售人员，一定要跟客户讲讲宏观环境，你可以说："我知道您的选择比较多。当下市场竞争激烈，在证券市场上，20% 的股民赚钱，80% 的股民亏钱，亏钱的都是散户，而挣钱的 20% 基本上都有一手消息。如果您想在好行情当中赚到钱，竞争非常大，价格战很激烈，所以您必须选择好的机构。只要您拿到最准确的信息，就能成为那 20% 赚钱的人。"这段话给客户设计了一个选择方向，而这个选择方向当中并没有销售人员自己。

再如，如果你是医美行业的销售人员，也可以用这样的方式。你可以跟客户说："当下行业监管越来越严格，很多不正规的企业都已经倒闭了。如果您想要达到您的预期，起码要找到一个在行业当中有竞争力的企业，这样才会为自身创造更好的空间。"这段话当中，依然没有销售人员自己。这样就可以让客户在销售人员面前放松下来。客户放松下来之后，才是递进的阶段。

在宏观维度中，千万不要说你的公司符合这样的标准，一定要选择你。你把最终的目的抛出来，就意味着所有宏观的铺垫全都白费了，你在客户心目中的好印象会瞬间消失。所以，要从外环一点一点地向核心渗透。先说未来可选择的方向，再说选择的标准。当然，这个标准的范畴里面包括自己的公司，但是在这个阶段，你只需要从一个专业的角度帮他判断。这一定是一个非常隐蔽的环节，你的判断越客观，客户就会感觉越安全。

第二个维度：中观维度

中观维度是企业维度，也分为两个层面：第一，自家企业；第二，竞争对手。

1. 自家企业

介绍自己的公司时，可以遵循这个原则：

了解过往 + 自我澄清

我会先问客户之前有没有跟其他公司合作过，效果如何。如果客户说自己因为业务员过度承诺而上当受骗，这个时候我就知道客户对于过度承诺很反感，我会在某一天向他传达这样一个观点："其实这个世界上从来不存在完全确定的事，我永远只会给客户 80% 的预期，但会争取做到 100% 的结果，这是我在这个行业的底线。"

这样说就达到了自我澄清的目的，说明我会避开客户反感的地方。自我澄清是让客户知道我跟别人不同，让客户的心踏实下来，思路就是先去挖掘客户的需求，过一段时间之后再去给客户想要的东西。

2. 竞争对手

产品同质化严重这个问题，销售人员和客户都知道，所以，要把这样的问题提前说出来释放压力。

如果产品同质化严重，我们的产品又没有什么竞争力，可以这样说：

"作为消费者，您肯定会货比三家，现在的产品同质化极其严重，在功能上都大同小异。产品固然重要，但是最重要的是一个能够真心实意为您着想，把您的事情当成自己的事情去做的人。接触了这么长时间，您大概也知道我是一个什么样的人了。我没有什么华丽的特点，但是我可以帮您把事情办好。"

如果客户处在对产品很难做出选择的阶段，你可以直接让话题回落到我们的个人IP上。销售人员的自我形象也是产品的核心竞争力之一，这是让客户选择我们的重要筹码。

第三个维度：微观维度

微观维度也包括三点：

第一，关键决策人。

销售人员要了解客户的人际关系，找到最终能做决定的那个人。

第二，判断客户的需求。

需求分为显性需求和隐性需求。显性需求就是合作以后，对方想达到的效果和结果。隐性需求是客户做这件事的原动力。此外，需求还包括实际需求和精神需求。例如，一支笔手感好、书写起来顺畅是实际需求；这支笔很昂贵，拿出去非常有面子，这是精神需求。

第三，对人性的把握。

销售人员跟客户之间可以成为朋友，但是跟客户做朋友的出发点，一定是自身的私欲。

有很多销售人员都会跟客户说："我培养一个老客户，是因为觉得在他身上能学到很多东西。"你一定要给客户一个理由，可以这么说："我今天给您拿到这个折扣，并不是因为要在您身上赚钱，而是因为我想让您成为我的朋友。总有一天我会自己创业，而创业的路上肯定少不了像您这样的人脉，希望在未来我需要帮助的时候，您能来帮我。"

所以，给客户拿任何好处，一定是因为对我自己有好处，说明这超出了产品的价值，我这么做完全是为了我们俩的关系。尽量不要主动去说想跟对方成为朋友，除非这个人身上有过人之处，而是要说希望对方在未来能够帮助自己，这才是我做这件事的原动力。

掌握信任公式：如何让客户愿意听你说话

建立信任的一大障碍叫作"不想听"。说服的前提是对方愿意听，但是很多人都忽略了这点，总是认为只要我在说，对方就一定在听，这是非常大的误区。

在跟客户聊天的时候，对方是消费者的身份，我们是销售人员的身份。面对消费者的时候，销售人员的大脑中会自动浮现出关于产品的介绍，这个产品有什么功能，能给消费者提供什么样的服务。但是请想一想，除了推荐产品以外，我们还有什么话题能跟客户交流？当你跟客户介绍产品功能的时候，你能否提前确定这是客户真的愿意听的呢？如果他不想听，那么你跟他说的所有的产品推荐就是没有效果的。还有很多销售人员和客户说很多公司的情况、背景等，这些内容跟客户没有直接关系，也不会和客户产生直接的利益关联，所以客户不想听很正常。

"不想听"的很大原因就是信任度不够。你要知道，陌生人第一次交流的时候，很难马上形成相互吸引和信任的关系。我们能消除一部分防备心理就已经很了不起了，更不要说一瞬间建立信任了。解决信任度不够的一种有效方法是：

善意动机 + 拥有能力 + 持续稳定

第一个环节是"善意动机"。"善意动机"是指我做这件事情出于善意。举个例子，一个女孩如何判断一个男孩值不值得托付终身？她可以用"善意动机"来衡量，判断这个男孩是不是真心对她好，是不是奔着结婚去的，不只是随便玩玩而已。如果她判断这个人希望能够永远和她在一起，那么这就说明动机是善意的。

第二个环节是"拥有能力"。"拥有能力"是指我拥有获得这份信任或者让对方对我这个人产生好感的能力。举个例子，如果女孩愿意和男孩在一起，男孩是否有才能、有钱、身体强壮，或者非常有上进心？他是否具备这些能力，让她相信未来和他在一起，自己会有幸福的生活？他对她的好是不是嘴上说说，是不是真的有实力和有能力对她好？

第三个环节是"持续稳定"。"持续稳定"是指我不只是一次两次地对你好，而是会长时间地对你好。比如，男孩过去这两个月对女孩很好，又过了两年依然对她很好，那么她就可以相信未来这几年他会一直对她好，这就是"持续稳定"。

第一步：向客户传递你的"善意动机"

厘清底层逻辑之后，我们在跟客户沟通的时候，完全可以按照这个方法操作。比如，我们在跟客户沟通的时候，先和客户表达自己善意的动机——希望客户能做出一番成就，我们也能因此获利良多，这就是我们的"善意动机"。

利用以上观点，我的一个学员跟客户沟通的时候是这样开场的："我们给您提供的都是配件，您的产品里边包含我的配件。有一天您的产品在市场打开局面，我的配件也能因此获得发展。所以，要想满足未来配件在市场当中大卖这样的目标，我必须尽心尽力为您服务。"

其实，你说这些话的时候，没有表现出任何成交意愿。但是，换一种说法，效果会完全不同："坦诚地讲，我非常看好您的产品，我相信未来它的市场占有份额一定非常理想，所以我给您提供配件。如果未来您的产品发展非常理想，那我的产品自然会被您带火。但是，如果您的产品没有办法大卖，我的产品自然也没有办法火。为了让您的产品大卖，在这个市场当中占有一席之地，我一定会给您做好服务，这样我们俩才能实现双赢。"

面对个人客户，我会跟我的客户这样沟通："我们这个行业竞争非常激烈，所以我跟您聊天的状态是绝对真诚的，因为我们急需通过某一个有实力的客户在项目中帮我们立标杆。您拿到我们的产品之后，能得到切实的利益。就算您没法帮助我们把产品推荐给别人，有人问起我们的产品的时候，您的肯定也会让我们受益。我相信做生意要长久，所以我希望彼此能够达到长期相互信任的关系。今天我跟您玩个套路也许可以蒙混过关，但是时间长了纸包不住火，这样的做法没有任何意义。"

说出这番话，我们和客户会被瞬间拉近，我们展现出来的内容就跟其他普通的销售人员完全不一样。

第二步：向客户展示你的能力

第二个环节是"拥有能力"，即向客户展示我拥有服务好客户的能力。我和客户说完上述那番话以后，紧接着会跟客户讲这样一段话："您知道这个市场上的产品大同小异，我相信您也对比过很多家同行，心里已经有了衡量标准，如果您想找到有很大差异的产品，那意味着要花出比这个产品高很多倍的价钱。既然今天您过来和我见面，说明您在一定程度上默认了这个事实。到现在为止，所有与我合作的老客户的整体收入水平远远超过了其他人，这与我给客户提供的服务品质和对客户持续服务的能力有很大关系，也是我的核心优势。此外，产品固然重要，但是在漫长的服务周期当中，帮您解决问题的'人'才是最重要的。"

上面这段话能告诉客户：我有能力为您做好服务，你不用怀疑这件事情。面对各个行业的客户，你都可以这样大胆地使用类似话术。你要向客户强调自己的话没有任何吹嘘的成分，每一句话都是真心实意的。在"善意动机＋拥有能力"这两个环节，我们要告诉客户，我们有持续对你好、提供高质量服务的能力。

第三步：持续稳定地输出你的能力

第三个环节是"持续稳定"。越是有实力的人，在行业里从业的时间越长，越容易被客户信任，客户会越有安全感。

比如，当我们没有前两个环节的优势时，我会这样告诉客户："我会在这个行业当中工作很长时间，我想把所有的青春和汗水都挥洒到这个行业。它能不能让我赚到大钱，并不是我在乎的问题，因为我知道钱是慢慢积累得来的，这就是我在这个行业当中能做这么久的原因。现在我的手里有多年积累下来的老客户，在这么充分的资源下，我会始终在这个行业当中深耕。"

你还可以对客户说："我在这个公司里是元老级别的人物，很快就会成为副总，甚至未来可能会成为公司的总经理，这是我未来的努力方向。"这些话和客户没有什么关系，但我们要通过这些信息告诉对方，我们在这个行业里面会待很长时间，这样对方的心里就会有安全感，自然就会觉得自己的资金处在比较安全的状态。

如果你是新人，不能直接跟客户说："我是刚来的。"我们可以跟客户讲自己对这个行业前景的看法，表达自己从事这个行业的愿景，在未来我能获得什么样的机遇，最终能达到什么样的高度，我一定要奔着那个目标努力，因为一旦达到这个目标，就能实现财富自由。这样可以让对方觉得，自己和客户之间的合作不是一锤子买卖，而是持续稳定的交易。只要客户跟我合作，我们会相处很多年，保持很持久的关系。经常和客户说这种话，可以增强双方的信任感。

找到你的信任背书

解决信任度不够的另一个有效方法就是找到"信任背书"。陌生人之间建立信任非常难,特别是在一对一的时候。我们可以运用这样一个窍门,那就是找到第三方,让这个第三方成为我们和客户之间的信任背书。一般情况下,我们对信任背书的理解就是公司和品牌的知名度担保,但是这里,我说的找到信任背书是找一个中间人。比如,两个人相亲,中间有一个介绍人,这个人就是信任背书。如果两人单独见面,或者单独确定恋爱关系,那么两个人相亲成功的难度很大。但是,如果中间有一个媒人介绍男孩和女孩认识,那么两人之间的推进速度就要比正常谈恋爱的进度快很多,难度也要小很多。所以,要想建立信任背书,双方之间要有一个中间人,这个中间人可以是公司,也可以是个人。

打个比方,病人去医院看病,不知道医生的名字,也不知道这个人的学历,更不知道他的行医技术。医生给病人看了病之后,写的字病人都看不懂。医生开了一堆药,病人也会照他说的去做。因为在病人和这个医生之间,有一个中间的连接点,那就是医院,医院就是病人看病的信任背书。

再举个最简单的例子，销售人员前期跟客户交流的时候，如果觉得自己各方面的能力没有那么强，或者想让客户更快地跟我们成交，这个时候我们不要单刀赴会，或者自己主动跟对方去打电话一对一交流，而是要找到一个双方都熟悉的人，可以是你们公司的某一个同事，让他去铺垫一下你的身份。作为信任背书的人可以这样和客户沟通："从专业的角度来看，您的情况有很大的问题。如果想解决这个问题，需要找一个比较专业的人帮您看一下。"如果是美容行业的，他可以和客户讲："您的皮肤看似就是有几个小红点，实际上是皮肤发炎而且发炎面积很大。但是以我的能力无法做出准确的判断，所以我帮您找我们公司最专业的美容师看一看。我们这位老师从不轻易主动找客户，所以一旦预约成功了，您一定要保持电话畅通，有什么问题要好好问一问。"

等作为信任背书的人把你的身份铺垫到一定程度之后，你再去打这个电话。比如："我是小张介绍来的那个老师，他说您有皮肤问题搞不明白，我抽出时间，您大概跟我说一下吧。"这时候我们讲出来的任何一句话，客户都会格外认真去听。所以，你与客户之间一定要有一个中间人作为信任背书，这样，客户对你的印象会更好，对你也会更加信任，你对客户说的任何一句话，他都会认真聆听并且最大限度地接受。

06

第六章

高效沟通：
用心理策略打动人

四种沟通技巧，让谈判更顺利

与客户接触的过程中，身体应该是放松的状态。在谈非销售话题的时候，双方之间应该保持一个很轻松的氛围，看似是与客户聊生活中的琐事，但当客户接受了你的言论风格之后，就很容易接受你的观点，这就是通过语言功力来说服客户的思路。

作为专业的销售从业者，我们每天要与形形色色的客户接触，要想与客户有着共同且聊不完的话题，难度可想而知。作为销售人员，你不需要上知天文、下知地理，但至少要了解和掌握当下的时事新闻和社会关注的热点。哪怕你只知道其中的一部分，也有助于打开社会热议的话题。只有切入对方在生活中关注的话题，你才有可能打开其他的话题。

现在很多销售人员存在的误区是只知道介绍产品，但自古买卖两条心，销售人员的立场与客户的立场本质上是对立的，如果开始的时候找不准切入的角度，一旦错过了最佳的信任建设期，那慢慢地客户也将流失。所以，谁能够第一时间发现客户关注的话题，谁就能够快速抵达客户的内心，找到融入对方沟通的最佳契机。一旦对方接受你的观点，那么客户接受你、信任你的概率也会随之增大。

接下来，我将从把握对话的黄金期，勇于表达内心想法，塑造自我专业度、提前设计沟通内容，为自己贴上标签这四个方面，来讲解一下与客户沟通的语言表达技巧。

沟通技巧1：把握对话的黄金期

我们与客户之间的信任源于哪些方面呢？信任是如何产生的？我们需要厘清信任建设的思路，以便运用在自己所属的行业中。

在没有与客户建立信任的情况下，不要贸然推荐产品。每推荐一次产品，都是对客户对你的信任的一种消耗，消耗了你在客户面前获得的机会。即便今天你成交了，那也只能说明你运气好，侥幸获得了成功。如果你一次没有推荐成功，再次推荐的时候，你已经损失了两条"命"。

如同花有花期一样，我们与客户的对话也是有黄金期的，如果在期限之内没能推荐成功，从此以后，你将彻底失去这个客户。这是传统销售思维的沟通调性，所以一定要尽可能地在黄金期内，完成对客户信任的保有，这就是我们反复强调的先人后事原则。

个人调性永远站在产品品牌的前面。不要让我们的产品对着客户，使得客户先看到产品，再绕一圈才看到我们。这样笨拙的方式没有任何价值，同时我们也会处在完全被动的状态，而让客户处在了主动选择的位置，销售天平因此失衡。相信很多朋友都看过谈论销售"掌控"类型的书籍，很多人都在谈"掌控"这样概念空泛的"僵尸词"。其实，真正能够掌控对方的那个人，一定是愿意主动坦露心声的人，他能够把自己内心深藏的所谓的秘密全部倾吐出来，尽情地展现给客户。谁能像太阳一样洒脱无畏，谁就能得到更多客户的青睐。

很多销售人员在与客户沟通的时候，不好意思向客户表达，总是有露怯的表现。为了避免这样的问题发生，每个销售人员讲话之前都需要做准备。有时候大家会觉得话术有种魔幻感，好像不是自己的语言风格，就不好意思化为己用。我们要做现代的"孔乙己"，大胆使用各种类型的话术，面对客户时拿出气势如虹的勇气，学会直接表达。

对于销售人员来说，与客户缺乏沟通，成功的概率一定会降低，所以要敞开心扉、带着诚意，积极地与客户交流，与客户成为朋友，这样客户也会对你多说一些知心话。说了还有机会，不说就没有机会，不好意思只会让你把客户与机会拱手让给他人。在客户面前说错话并不可怕，毕竟太完美的人与事都很难让人相信，适时出现一点小错误，客户反而认为你这个人更踏实、更可靠。

沟通技巧2：勇于表达内心的想法

销售人员要勇于表达自己内心的想法，其实，有些时候越是敢于突破，越能激发潜力，越能成长。我最初做职业讲师的时候，一上讲台，腿就不断哆嗦，不知道站在台上哪个位置更适合。第一次讲课时，我紧张的表情大家看得一清二楚，与其被拆穿，还不如主动承认，换取大家的包容。所以我说："各位，其实今天到这里讲课，站在台上我非常激动，也有些许紧张，如果有说得不恰当的地方或者有遗漏的部分，请大家多多见谅，我需要大家的鼓励与支持。"课后，学员们反馈，都觉得我这个人还是比较实在的，敢于展现自己的不足之处。

当我们把这样的人设立住，彼此的距离反而更近了。客户不相信我们的原因有：心理状态模糊、过往经历模糊。

我们来看看，如何在客户不相信我们、信息模糊的情况下，了解客户的需求。

1. 心理状态模糊

首先，我们不知道客户对于产品的渴望程度；其次，我们不清楚客户在此之前是否对我们有过调查；最后，我们不知道自己及产品给客户留下的第一印象如何。在有太多未知的情况下，客户不信任我们是正常现象。

举个例子，你作为一个消费者，第一次到一家4S店，试想一下现场的场景，销售人员一定会对你说："您好，先生/女士，您想了解哪款车型？我为您介绍一下。"大部分的销售人员都会以这样的方式开场。没有更多的对话及信息的出现，客户完全不知道你的真实情况，而客户往往具有天然的防备心，不可能主动释放要购买的信号。在这里，一定要记住，当我们处在信任建设初期的时候，必须先探测对方的购买动机，将渴望程度设为1至10分的话，看看对方能打几分。

一般情况下，我会跟客户说："张总，我知道您近期一直在选车，您记忆比较深刻的有哪些产品呢？您可以尽管放心地跟我聊一聊，我可以站在专业的角度帮您综合分析是否适合您。我相信您有自己的判断，作为销售人员，我完全尊重您的选择。"这个时候体现的就是销售人员的沉着和冷静，紧接着我会跟客户讲："您如果有自己的想法，可以跟我聊一聊，我们多碰碰想法，有些金点子就碰撞出来了。"

客户在这种情况下，很有可能就会告诉你具体有哪些要求和问题。

需要注意的是，你要耐住性子，不要扮演解说员，其间多以沉默应对，不做过多的评论。你需要传达的思想是："现在的客户都具备独立分析的思维能力，而且市场的信息透明度极高，每一位消费者在选购产品时一定会货比三家，要让辛辛苦苦挣来的钱花得明明白白。当然，我希望能够和您合作，但是没有相互了解就马上合作也不现实。今天您既然来了，我可以跟您聊一聊这个行业，跟您分享一下行业的现状及内幕，就当交个朋友，多知道一点对您未来做出选择总是有好处的。"

基于你的坦率，客户会下意识地告诉你，他想要看具体哪家公司的哪款产品。我们要做好最坏的打算，就是客户不说看了哪家公司、了解到何种程度。可以确定的是，客户对于成交及产品的渴望度处于相对渴望的阶段，只是在表述中掩盖了内在的强烈需求。这里说的是相对渴望而不是极度渴望，没有一个消费者会表现出饥渴难耐的样子，急迫地告诉你："我今天必须买你们家的产品，否则今天晚上回家我都睡不着觉。"作为消费者，需要是内在语，不着急是外在语。

要给消费行为留有一丝退让的余地，知道沟通最终落在价格的层面时，消费者需要打出不满意的幌子与你谈判。如果你不懂消费者的心理，就会被对方抛出的迷雾弹迷惑。我们用这样的方式对话，先去试探出对方成交的渴望度有多少，如同一杯白酒，烈不烈你是可以通过嗅觉闻到的。

2. 过往经历模糊

彼此并没有接触，合作之前，客户就一棍子先打倒我们这一行，这就是客户因为过往经历而不信任你。

比如说金融行业的销售人员，每天跟钱打交道，接触的都是非富即贵的群体，客户手里会有一些闲置资金。我们了解到这个信息以后，不要马上推荐产品，首先要摸清对方过往的合作经历。假如你是做理财工作的，在第一次跟客户沟通时，先不要告诉对方你的利率是多少、项目有多稳定、收益有多么高，重点是要了解客户的过往经历，有没有跟其他公司做过类似的项目。如果没有，那么金融行业内的证券、现货、期货、银行定期理财等其他项目他有没有做过？

要将涉及的方面最大化，方便捕捉到需要的信息。拥有清晰的信息就意味着你与客户之间能建立起信任通道，通道越大，你与客户间的障碍就越小。如果没有清晰的信息，那你就是在摸着石头过河。

"我之前投资证券的时候亏损了，导致在投资方面不是特别感兴趣。投资是为了赚钱，但是亏了几次以后，自己也变得退缩了，就像'一朝被蛇咬，十年怕井绳'。现在家人也不希望我继续投资，可我还抱着赌徒的心态，希望能够再赚回来，不愿意承认自己输了。"

刚才这段话，就表现出了客户对于投资的渴望程度及内心不愿认输的挣扎感，一旦有了合适的投资契机，他仍然会去做。这种渴望的原动力，就是我们通过前期测试得出来的。

同样，客户如果说："自己投资的时候收益还不错，但是一旦遇到专业机构，就亏损得特别惨。"对方的潜台词是，他不是对这个行业没有信心，而是对跟他对接的销售人员丧失了信心，这个时候，就是你展现可靠人设的时刻。

比如，客户走进你的店里，要看指定的房源，你要展现出坦诚的状态，跟客户说："您看的这所房子确实有很多优势，但也存在劣势。为了帮您做出更加理智的判断，我希望知道您的真实情况，您之前有没有跟其他房地产公司联系过，有没有遇见心仪的房源，为什么当时没有购买？"

通过前期的铺垫，我们很快就能了解到客户的过往信息。客户可能会说："我喜欢南北通透的房子，但是之前的房子噪声有点大。"这里，你清楚了客户所需的优势，也了解了客户无法忍受的缺点，客户说南北通透的房子很好，但是有点吵。所以你在推荐产品的时候，一定要关注优势，这是你的房源的卖点。针对吵闹这一因素，同样可以将它转化为你房源的"优点"。你可以向客户介绍："我们这个小区，除南北通透的优势以外，最重要的特点就是非常安静。我觉得您应该比较喜欢安静的居住空间，在家可以静心看书、照料花草，不会受到外界的干扰，我们这所房子静谧的特点刚好匹配您的需求。"这个时候，前期收集的线索起到了至关重要的作用，你的阐述一下就击中了客户的心坎。

提取的有效信息会生成帮助你判断客户的数据库，这会成为你未来与客户沟通谈判的重要筹码。我们跟客户之间的信任建立，一定是环环相扣的闭环。

有的销售人员说："我有很多客户没有太多沟通链接，对方成交了。"其实，那是客户愿意选择相信你，而不是你在中间起到了关键的作用，千万不要被这种表象所迷惑。

沟通技巧 3：塑造自我专业度，提前设计沟通内容

如何塑造自我专业度？普通销售人员与顶尖销售人员的区别是：一个认真经营产品，另一个用心经营信任。很多销售人员存在误区，认为对客户掏心掏肺，24 小时随叫随到，客户就会信任自己，认为这是最高

级的信任陪跑，但这并不是最明智的做法。其实，你可以选择降低对产品的掌握程度，如果我对这个产品了解到 10 分，客户只了解到 2 分，那么我会把自己掌握的信息由 10 分减到 2 分。减法我们都会做，高级销售人员都会说对方能听得懂的话，保证同频不相斥。

缺乏信任，销售人员就会被客户淘汰。当有一天，客户面对你的电话表现出冷漠的态度，你就要注意了，信任泡沫可能要破裂了。这个时候就需要停下来回到最初，重新建立彼此的信任基石。

你沟通了长达三个月的客户，最后回复"回家考虑"，怎么办？你感觉成交已经是十拿九稳、板上钉钉的事情，可是到了签合同或打款的时候，客户又突然变卦，怎么办？很多销售人员会伶牙俐齿地留住这个客户，仿佛客户的任何问题，他都能解决得很好。

其实，无论你是否挽回，都是不恰当的做法。在客户回答考虑考虑之前，要先跟他说多考虑一下，这是完全相反的角度。我经常给客户传递的信息是"你回家考虑考虑"。如果对方对你 100% 地信任，产品也刚好满足他的需要，他是不会选择再考虑的。如果他对你 100% 地信任并且对产品梦寐以求，就会非常迅速地购买，不会有任何的犹豫。

在销售人员的思维里面，当客户表达要回家考虑考虑时，无论是留住还是放走，对我们都不利。为了避免出现这种情况，在开始的时候，销售人员就要将所有的障碍扫平。很多人说信任贯穿在销售中的每一个环节，但其实信任是从获客的那一刻开始的，你的沟通内容需要提前设计好，确保每一件"沟通零件"都可以完美地运转，假如某一个小零件坏掉了，那整台"沟通机器"一定会出故障。

沟通技巧 4：为自己贴上标签

1. 非专业领域的标签很重要

我们需要给自己贴上非专业领域的标签，正如保险行业的学员会为自己设立育儿师的第二角色，这对信任大厦的构建尤为重要。在打上非专业领域标签后，假如客户的注意力无法持续停留，这时候你就可以使用第二个撒手锏，通过另外一种方式，为自己贴上美食达人、宝妈或者另外的身份标签，用这样的标签把客户吸引到自己身边。

在当今时代，销售人员不能只有单一的身份，单一意味着被动，单一身份会禁锢你的思维。单一身份的约束一旦形成，你同客户沟通时就会更加畏首畏尾。以我自身的情况来说，我们公司现在这个团队在做企业咨询，根据企业的实际需求帮对方做课程的研发、优化流程。在大部分销售人员的观念中，寻找客户依然采用的是人工筛选的方式，最终成交的概率极小，毕竟筛选后还需要经历服务期，客户对服务满意与否是未知数。所以要转变思路，与其主动找别人，不如让别人主动来找我，也就是说，个人 IP 在前，产品品牌在后。

基于我十年丰富的一线销售经验，我在抖音平台中分享经验，即使最初没有业务员，没有相关课程产品的交付，依然有很多企业主动联系我，希望与我达成合作。我曾经在一家上市公司讲课的时候分享了化被动为主动的思路，当时有位总监课后就过来跟我说："这个思路太了不起了，客户是靠吸引而不是生拉硬拽来的。"

2. 找到你的"双重身份"

不是所有的人都可以做自媒体，你要思考一下，你的第二身份是何种角色。销售人员应该有两种身份，即本职工作角色和另一种你擅长的职业角色。很多人为了生活才会从事本职工作，但他们一定也会有许多感兴趣的事情可以发展为第二职业。

比如，我虽然是做一线签单销售的，但是也可以做讲师。有些大学教师兼职当演员，有的主持人兼职做直播带货，有的旅游达人兼职搞商业开发。我们把自己的第二身份给客户做了铺垫后，还要无缝切换到本职上来。

当然，你的身份也要随着客户情感需求进行适当调整。

如果我发现客户一直关注的博主或公众号属于情感类型的，说明这类客户偏于感性，在沟通时，就要侧重从感性的角度展开。当我看见感性故事或者感人的电影、电视剧时，会带着细腻感情与客户分享。之后客户与我沟通时，就会很容易聊到自己的生活，客户会不自觉地聊个人婚姻、家庭琐事、家人需求等，我可以调动"情感导师"或者"倾听者"的身份，认真倾听并适当表达个人的见解，我们之间就种下了一颗信任的种子，默契度也会随之得到提升。

我们在前期与客户建立生活上的联结，积累信任基石后，才能一点点地介绍产品，这时对方在人情和惯性思维的引导下，会更容易相信我们。建立信任之前需要铺垫信任，等客户信任、关系稳定之后，再介绍产品。

3."双重身份"的作用

这里还需要详细了解一下"双重身份"的作用：避免与客户正面

冲突。

　　避免正面冲突是指降低与客户聊产品的内容所占的比例。如果在跟客户不聊产品的情况下，你就没有额外的话题可拓展，那就说明你的沟通能力有待提高，此时可以试试从你的第二身份出发来展开话题。

　　比如，如果我的第二身份为情感专家，我与对方电话沟通时可以说："您跟您爱人近期的关系怎么样了，缓和一些了吗？其实站在旁观者角度，这件事情还真不能怪您爱人，恕我直言，我知道您对自己要求高，但是面对爱人还是需要多一些理解和包容，家庭是不能讲道理的地方，没有输赢之分。我一直在思考您与您爱人之间的事情，也没顾得上跟您细聊产品，不知道对于产品，您是如何考虑的？您不用有过多负担，我对您知无不言，有任何想法您也可以对我直言。我一直把您当成朋友，如果只是把您单纯地看成客户，我不会跟您聊家庭这类敏感的话题。"这里要注意的是，角度不要放反了，否则会带来尴尬。通过非销售话题把产品引出，避免直接阐述产品，这样不容易引起对方的抗拒心理。

少讲产品，多关注情绪

在传统的销售思维当中，客户总是不信任销售人员，并且会跟销售人员保持距离，在用微信沟通时，永远都是销售人员引出话题，客户勉强敷衍。要解决这些问题，在销售流程当中，介绍产品的内容占比一定不要太大，尤其在刚刚建立关系的时候。很多销售人员在跟客户沟通的时候，一直在说产品有多好、使用之后能达到什么状态，根本不给客户插话的机会。其实，在建立信任的阶段，讲述产品的内容要少，不要陷入传统的销售思维当中。

让客户产生紧迫感

换位思考一下，很多问题将变得清晰明朗。如果我们是消费者，会不会对销售人员做天然的有罪假设？销售人员说的话明明没什么问题，也没骗客户，但是客户就是觉得销售人员有问题，这也是销售人员常有的困惑。

客户对销售人员做有罪假设会引发矛盾。销售人员向客户介绍产品的卖点和特点的时候，客户很难接受销售人员的意见；客户告诉销售人员自己的需求和问题的时候，销售人员也会懒得听客户的话。如果不能解决这些矛盾，销售人员会很难推进产品的成交。

要想解决这样的问题，当你想跟客户说一些重要的事情的时候，可以试着渲染紧张的气氛，让对方更重视你的话。

你可以说："我跟您说一个重要的问题，耽误您大概10分钟的时间，您身边有没有人？说话是否方便？"这个时候对方可能会说："没事，你说吧。"如果我发现对方的讲话环境依然非常嘈杂，我会直接跟他说："我听您周围的环境比较吵，但我跟您说的事情非常重要。我下午再给您通电话，咱俩约个时间，您看行吗？"

我会给客户制造这样的氛围。在我再次给客户打电话之前，对方的心里就会一直挂念这件事，无形当中让对方重视你传递的信息。

再举个例子，你可以告诉对方："您不跟我合作没有任何关系，但是我还是更希望您选择更加专业、靠谱的合作对象。如果遇到了不靠谱的合作方，不但会浪费资金成本，而且会浪费您的时间成本，所以一定要谨慎。我不会反对您跟别人合作，这都是您自己的判断和选择。"

让客户有掌控感

举个真实案例，我做过一段时间软件推广公司的销售总监，当时公司要招销售人员，我想招聘一个敢说敢干的人，结果公司的人事招了一个口吃的人，不但说话结结巴巴，而且形象有点磕碜。

公司的HR一般都比较有经验，一定知道一线销售人员应该具备什么样的特质。但是，这个HR怎么可能犯这种低级的错误呢？这件事给我的冲击比较大，这样的人怎么能成为销冠呢？我很不服气。

我想跟他共同去谈一个单子，看看这个人的基本情况。接下来发生了一件出乎我意料的事情，他跟客户见面之后就说："实在不好意思，我的表达能力不行，下面我就拣重点跟您沟通，细节方面我会尽可能地给您发一些资料。"他对待客户非常真诚、非常坦诚，擅长用动作表达自己的意思，看起来特别滑稽。他会把合同里的重要条款圈起来，给每个重要的条款标上序号，让客户觉得非常有条理。

客户说话的时候，他在一旁记笔记，有时把笔记拿出来说："你看我这么理解对不对？"他还经常和客户说对不起，如果客户说公司的预期低，或者产品功能有点小问题，他从来不解释，而是说："对不起这是我们的问题，给您带来不便，深表歉意。"

像他这种表达能力有欠缺的销售人员都能做出这样的应对，达到这样的销售水平，我们同样也能够做到。销售人员存在一个常见的误区，就是产品讲太多了，而那位口吃的销售人员并没有讲多少产品，他能做出优秀的业绩是因为他的销售思维是正确的。所以，把产品讲好是争取信任的充分条件，但一定不是必要条件。有很多人过多地讲解产品，反而会把与客户的沟通变成商务谈判，变成在商言商，无法拉近自己与客户的距离。

他的另一个技巧是让客户有掌控感。因为有口吃的问题，他永远都对客户说对不起。有些时候，客户不需要知道他问你的这个问题的答案，他需要的是你给他一个说法，这个说法代表着你对待这件事情的态度。那么，当其他人质疑你的产品时，正常的销售人员一定会跟对方解释，并且对客户说我们这个产品不是这样的,这种说辞在客户心目中就是强词夺理。

我们可以跟对方讲:"任何事情您都有绝对的选择权。您选择跟我合作,我们可能会成为朋友;没有选择与我合作,我们俩最多是彼此生命中的过客。选择权都在您自己手里,我只是在尽力履行我的职责。对于销售,我并没有那么多套路。如果您不信任我,我也不做过多的辩解。"

销售沟通，要有"布局思维"

预设可能出现的情况

销售人员跟客户沟通的本质是布局，从表面上看客户是掌控者和最终的决策者，实际上销售人员才是幕后的操盘手。销售的每个环节都是已经设计好的，客户感受到的掌控感，只是销售人员提前设计好的，我们才是统领全局的那个人。哪怕只是一个微小的沟通细节，都是可以被提前设计的。

举个案例，我想了解客户的资金状况，以及他在成交阶段能不能及时付款，那么我在铺垫阶段就要了解对方是否有支付能力，我会说："我跟您前期聊得不错，而且我们之间的关系越来越好了，现在我对我们的合作效果并不担心。因为我很清楚您的需求，也知道我的产品完全能满足您的需求。但我担心的是，给您留下名额之后，您能否立刻落实这件事？这不是在怀疑您，我一定会为您争取最大利益，但是这个过程中我会付出自己的精力和人脉关系，如果到时您不做了，会白白浪费我的努力和人情。所以，您在各方面满意的情况下，能不能及时做出付款的决定呢？"

这时候客户会说"我能"或者"我不能"。无论对方说能还是不能，你都要多加留心。如果对方说出了不能的原因，你一定要在成交阶段之前把问题解决。这个时候不要问关于钱的问题，比如："您能不能及时交钱？您能不能及时做这件事？"你要先忘掉成交和利益，因为这些都是高度敏感的词汇。一旦你说出口，对方会马上开始防备你，觉得你目的性太强。

布局时也要注意细节

我们在销售前的沟通中，先要把自己的格局打开，用自己宽广的心胸感染对方，对方自然会用自己的方式回馈你，双方沟通的氛围就会非常融洽。和客户沟通之前，不要把沟通这件事情当成最终的目的，要从侧面把你的目的传递过去。

我曾经服务过一个大客户，他的资金实力非常雄厚。他来北京谈判，我在见他的前一天晚上看到他在朋友圈里分享了一首歌——《向天再借五百年》，这首歌不止一次出现在他的朋友圈里。由此我判断，这个人一定非常喜欢这首歌。在开车去接他的时候，为了让他对我有好感，我决定从细节入手。如果他一上车，我就播放《向天再借五百年》，就显得过于刻意，而且会让他觉得我这个人太有心机，所以我把这首歌调整到了歌单的第4位。

从机场到公司大概是20分钟的路程，平均每首歌的播放时间是3分钟左右。我计算完时间之后，知道这首歌将会在哪个时间点播放。当这首歌在车里响起的时候，客户感到非常诧异。他原本在车的后排坐着，播放歌曲时甚至把身体往前挪了一下，凑到我旁边听。他说："你怎么也喜欢听这首歌啊？你这个年龄不应该喜欢听这首歌。"我说："这首歌我听了好多年，是我最喜欢的一首歌。"然后我们开始讨论这首歌的原唱是谁，在哪个电视剧里出现过，然后从这个话题切入，越聊越火热。

  我发现这样一个细节，直接和双方的信任挂钩。如果没有无数个这样的细节作为铺垫，信任就会离你越来越远。所以，建立信任不是一蹴而就的，而是层层推进的过程。不要想着一步到位，而要善于观察对方的一切，建立双方的信任基础。细节有时候不会决定成败，但会加速一个人的成败。

07

第七章

掌握故事力:
一个故事就能促进成交

故事要有代入感

在前期建立信任的阶段，我们该如何让客户放下戒备心呢？可以用讲故事的方法。可以把给客户讲故事理解成讲解案例，这个案例要和自己有关系，是自己身上真实发生的案例，这样才会离客户更近。

我们要讲的整个案例当中要有三种关系。比如，我要跟张总谈业务，在这个案例中张总是一个角色，我是一个角色，其他人是另一个角色，这时候对方会觉得你跟他有联系。销售人员在跟客户讲任何案例的时候，案例一定要跟对方有关，让对方有代入感。

听过郭德纲讲相声的人都知道，如果郭德纲讲一个故事，说在河北马庄有个张三，他和儿子之间发生了矛盾。用这种方式讲故事，所有观众都会从故事中跳脱出去，这个故事就相当于没有讲。因为观众已经出戏，无法将注意力集中在演员身上。但是，如果他用身边的于谦举例子，大家对于谦比较熟悉，马上就会有代入感。

我们可以用故事帮助客户放下戒备心，故事涉及的客户的身份最好和面前的客户的身份一样，而且这个客户的情况跟你面前的客户情况要相似。比如，他们的薪资待遇、收入来源、家庭结构要有相似之处，对我们产品的反应也应差不多，这样就会让眼前的客户产生代入感。你的客户一个月赚 3500 元，案例中的人就不能是一个月挣 35000 元的，因为这样的人做出的决定，和你对面的客户没关系。所以，案例中的人最多只能赚 4000 元。如果你眼前的客户自尊心极强，那么案例中的人的收入就不能超过 3000 元。

好的故事可以引出客户的潜在需求

有很多客户既不愿意听销售人员讲话，也不重视销售人员的意见，这不是客户的问题，而是销售人员不会设计沟通的细节。实际上，任何一个细节都需要我们仔细地设计。

给客户讲故事能够引导客户说出自己的需求。所有的客户都有两种基本需求，第一种需求是显性需求，即想达到的效果。比如，客户今天有一笔钱投资到你的公司，客户要你保证他的资金安全和收益，这叫显性需求。又如，客户来到你的专柜买化妆品，目的在于让自己的脸变得更加光滑、祛痘，或者让自己的油性皮肤变得干爽，这些都是客户的显性需求。显性的需求更容易被满足。第二种是潜在需求，是对方做这件事的驱动力。比如，客户来买化妆品的显性需求是让油性皮肤变得干爽，对方为什么要让皮肤达到一个非常干爽的状态？是要去参加活动，还是出于自己爱美的习惯？掌握对方的潜在需求，才能促进与客户的成交。

许多销售人员过分着急地满足对方的显性需求，而没有着力于客户的精神满足，不会剖析对方做这件事的原动力。客户把这笔钱拿到你的公司，想要在你的公司投资，他要在赚钱的同时保证自己的资金安全。

他的钱放在哪里都行，为什么要去投资？对方通过投资想要获得什么？有很多客户告诉销售人员自己马上要买房子，想要赚一笔钱，这就是他的驱动力。然而，大量的销售人员往往根本就没有意识到对方有潜在需求，所以我会告诉销售人员如何去挖掘对方的潜在需求。

举个案例，我曾经在沈阳做过一场企业咨询，咨询公司是一家银行，他们的业务经理能力很差。为了培训他们，不管是咨询还是谈判工作，全部都是我来做的。我在他们公司是理财经理，而且得到了一个小小的工牌，我一边带着他们做业务，一边给他们讲述专业内容。

当时我遇到了一个客户，是一个东北大姨，说话非常有力度，脖子上戴着金光闪闪的大金链子，手腕上戴着十几万元的金表，给人一种财大气粗的感觉。这位客户的资产至少有三四千万元，而且之前多次来这家银行办业务。她进门之后就对员工说："把你们行长给我找出来，我要把三千万元资产转到国外，去买国外的理财产品。"

她的话里说的是显性需求，只想达到财产转移的目的。她很强势，我们没有办法了解她的潜在需求，这个困局很难破解。

柜台经理说："女士，您把钱转到国外的话是有风险的，而且人民币转到境外的流程也非常不方便，所以我们不建议您这样做。"

听到这里，这位大姨生气了，她说："我的钱，我想存哪儿就存哪儿，现在就给我转，我不管你们怎么办。"这时候，她只表现出自己的显性需求，是要把自己的资金转移到国外。由于她的情绪非常激动，其他的销售人员根本不敢上前询问，更想不到要挖掘客户的潜在需求。

如果你遇到了类似的客户，请先停下来稳住她的显性需求，接着去挖掘对方的潜在需求。面对这种突发状况，我是如何处理的呢？我先去做了自我介绍："您好女士，我是这边的客户经理。您想把这个钱转到国外，这件事能不能行呢？是可以的，但是整个流程相对复杂。把大量的资金立即转移到国外，流程会走很长一段时间。我有个疑惑，因为我做理财经理已经很多年了，像您这样的情况真不多见，您是想移民到国外吗？或者想去国外定居，到国外去养老？"

此时，客户的情绪很激动，她说："国外有啥好的？我才不去国外呢。"

我故意试探对方，并且将她带入故事情节当中。我问她打算把钱转移到国外是否为了养老，这只是一种旁敲侧击，是在故意"冤枉"这个客户。之后，我又"冤枉"了她一下，问她是不是想让孩子去移民，或者自己想去移民。

她说："我儿子也不移民，哪儿都没有沈阳好。"

接着我说："既然这两者都不是，我感到很疑惑。我在这个行业做了这么久，我们为客户甚至运作过上亿元的资金，但是从没有遇到这样的情况。我有一个客户是给华为做手机壳的，加工生意好的时候就把大量的资金成批地用于购买国内的保险和理财产品。后来有一年，华为手机销量急剧下滑，他的工厂就倒闭了，买别墅和车子的贷款都还不上。如果出现这样的情况，您的钱都拿不回来。我们俩关系很好，当时我怎么拦都拦不住，结果他亏损了很多钱，生活都没了着落。"

我用另一个客户的经历讲了一个故事，那位客户和这位阿姨的情况差不多。故事里有三角关系，有我、面前这个客户，还有我的另外一个客户。我用这样一个案例去告诉对方，如果你做转移资产这件事，也可能发生类似的情况。

这时候，我的客户平静多了，她说："你不知道啊，我听很多人说人民币马上要贬值了，我怕人民币不值钱了。我非常担心这件事，我情绪这么激动，是因为这钱是留给我儿子的，他现在 35 岁了，一事无成。"

这个时候客户的潜在需求才浮出水面，她做这件事的驱动力已经显现到我的面前。

　　综上所述，作为销售人员，我们要找到客户购买产品的底层原因，挖掘到他们的潜在需求。这是我们的核心竞争力，只有透彻地挖掘到客户的底层需求，才能让销售人员把对交易的掌控做到极致。而讲故事是为了让案例和客户之间产生联结，引导客户产生共鸣，进而思考自己的处境。我们通过故事和案例，让客户身临其境，觉得自己正处在这样的环境当中，客户会开始思考怎么做对自己最有利。当客户开始自己思考决策的好坏时，你就能节省大量的时间成本，并且能让对方主动说出自己的潜在需求。

让客户参与到故事中

我在前文已经说过，需求分两个层次，一种是显性的需求，另一种是隐性的需求。相较而言，这两类需求中隐性的需求最重要。而讲故事的好处是，让客户在不知不觉中暴露自己的隐性需求，最大限度地淡化我们的销售痕迹。

故事（案例）是中立的客观事实，因此不易让客户产生抗拒心理，而且能够创造友好的氛围。如果我们仅仅聊和客户相关的事情，或者去挖掘客户的线索，目的性就会过强。不管你怎么迂回，销售的痕迹还是很重。所以，我主张销售人员要离成交远一点，当你保持这种状态的时候，你会发现你和客户说的每一句话都非常轻松。

另外，虽然讲故事只是在阐述一个事实，但是故事中的事实会影响眼前客户的心理状态。讲故事应当注意以下三点。

第一点：多与客户互动

一定要多跟对方互动，让对方参与进来。比如，前文中那个银行的案例，我和银行的大客户沟通的时候一直在问客户："您是想移民，还是想把孩子送到国外去？"问客户的问题需要跟她的需求有关，这样双方之间才会产生联结。

如何让对方参与进来？比如，在任何行业里面，问客户问题时，一定要结合大多数客户的实际情况、结合我们对客户的预判去提问。你可以说："您是不是对这个条款不满意呀？您可以说实话，没关系的。"这时我会表现出诧异，而作为其他行业的人，客户会对你的诧异产生好奇心，这是第一步。把客户拉到我们的故事情节当中，接下来才更好推进。

第二点：给客户规划预期的场景

我们在感同身受的基础之上，要给客户规划预期的场景。感同身受指的是什么？就是案例里的人物和群体一定要跟客户的情况差不多。

如果你的客户非要做某件事，但你不想让他这样做，那么在你讲的故事里，这件事的结果一定是负面的，因为你要阻止他这样做。但是，如果客户一直不想做这件事，而你的目的正好相反，那么故事里面这件事的结果一定是好的，因为你想促成这件事。客户从负面场景中感受到的震撼和冲击力，是美好场景的数倍，但坏结果的冲击力要点到为止，不要制造恐吓式营销。

第三点：故事要有你自己的影子

我在银行的那个案例中提过："我之前有个客户是给华为手机做手机壳的，一开始赚了很多钱，结果把钱转移到国内其他投资以后，华为的手机销量急剧下滑，他的工厂倒闭了，贷款也还不上了。这个客户做决定的时候，我怎么拦都拦不住。"

在这个故事里，我给自己树立了一个正面的形象，就是"我怎么拦都拦不住"。在故事当中，你的形象一定要出现，这能展现出你作为专业人员的能力和人设。我的表达很委婉，但是客户能明白我的意思是："如果今天您不听我的，您很可能跟故事里的客户下场差不多。"

08

第八章

成交话术:
拿来就能用的对话公式

如何做开场白

站在客户的角度思考问题

很多销售人员面临着这样一个问题：加上客户的微信以后，第一句话应该怎么说？不管你是做当面销售还是做电销的，双方认识以后相互加微信是常态。但是，销售人员心里会有一道坎，不知道自己说什么才能让对方不觉得刻意，说哪些话能够让对方接受自己，让对方不会拒绝自己，每个销售人员可能都会有这样的想法。

其实，大部分销售人员在开场阶段，首先搞混了自己的位置。与客户沟通不应当站在自己的角度，而是站在客户的角度。如果你和客户已经成功添加好友，给他发的第一条信息尽量不要复制粘贴公司的模板。比如："我是某某公司的小王，我给您发过一次公司的资料，你看得怎么样了啊？"或者"我们公司马上就会有个促销活动，如果您有想法可以来采购一些，现在的价格非常划算"。你跟客户说这些都是出于自己的立场，会引起客户的反感。

说出客户最想听的话

销售人员不仅要站在客户的角度思考问题，讲的每一句话也都应该是客户想听的。客户本就自带立场，销售人员要站在客户的立场之上，说出客户想听到的东西。对于客户不想听到的东西，就从外侧切入。具体应该怎么做呢？有一个核心的方法：说场景、效果。举个例子，我现在做企业咨询，会要求公司的业务员在加上客户的微信之后，对客户说："通过之前的讨论，我们了解到您每年的业务量大概是 80 万元。那么，我们给您设计的新的营销方案，可以让您的业务量翻一倍。"这个开场就是直接说出了客户想要的东西，各行各业都可以用。

销售人员说话要简单明了、直击要害，多一个字对客户来说都是负担。在刚刚加上微信的阶段，销售人员要直击要害，不要去寒暄或者自我介绍，而是要直接跟对方说效果。如果你是做投资的，可以直接跟客户讲："您当下每年的利润是 20%，我用半年左右的时间，能让您的利润达到 40%。"所有的沟通一定要以价值为导向，这会节省我们大量的沟通成本。

沟通之前要做好准备

还有一种开场，叫作"有备而来"。

举个案例，我曾给一家做网站优化的公司做培训，他们的拓客方式是开招商会。销售人员在现场跟老板沟通之后，对方有合作意向就加微信，然后双方开展业务。但是，很多人在现场聊得特别好，一旦离开会场，马上就会冷静下来，对于这件事情的看法又变得非常理性。不少销售人员加上了客户的微信之后，对方就不说话了。这家公司有一个销售人员特别厉害，她跟其他销售人员的区别是，几乎所有人都用公司的自我介绍模板去自报家门，只有这个姑娘把客户所有问题的解答做成了一个 PDF 文档。她加上客户的微信之后，把 PDF 直接发给客户，客户一目了然，成交率大幅提升。人们很容易拒绝一个描述和设想，但很难拒绝真实可见的效果。

所以，我们在加上客户的微信之后，要第一时间把最终结果给对方，证明事情的可行性。客户会跟你说很多问题，比如他觉得你的产品不好，觉得你这个人不值得信任，或者认为你的产品功能不符合自己的预期……客户的想法可能会特别多。在成交之前，对于客户所有的态度，销售人员都要允许其存在。

切入产品的三类话题

刚开始，我们一定不要第一时间跟客户介绍我们的产品，要引导客户往前走，而不是被客户引导。我们要用自身散发出来的气质影响客户，我跟客户讲得最多的话是："您现在对我非常不信任，但是我想说所有合作都有第一步，而成功的合作在走第一步的时候也是在赌。我今天没有办法保证最后的结果，但是赌的结果我来承担。"在客户面前一定要多去展现自己的自信，用这样的气场去影响客户，带着客户实现你的目的。换言之，我们自己都没有自信，对方怎么可能相信我们呢？

但如果你跟自己的客户联系了三个月，服务周期已经超出预期的三倍，最终还是没有成交，你就需要逼他去做下一步的决定。这时，我们可以从三类话题切入产品：一是寒暄类，二是边缘类，三是核心类。

首先是寒暄类的话题。比如，销售人员见到客户之后，可以跟他寒暄一下，聊聊天气冷不冷，客户从什么地方过来的，交通工具哪个方便，早上吃饭了吗，这些就是寒暄类话题。

其次是边缘类的话题。比如，我是一个卖化妆品的销售人员，客户进来之后，我会先围绕产品相关的生活嘘寒问暖，询问客户："您最近怎么样？有没有护肤？最近这几天有没有按时敷面膜？有没有熬夜？有没有吃辛辣的东西？我看您的皮肤状态没有之前那么好。"说完之后，紧接着切入核心类的话题。

核心类的话题即正式开始聊产品，聊我们的产品有什么样的功能。核心类话题要直击痛点，比如"您的脸起痘是因为皮肤出油，如果把油控好了，就不会有痘痘了"。当你的客户意识到我们要介绍产品了，他就会开始防备。这时我们可以马上转回到边缘类的话题，也就是跟这个产品相关的话题。比如："最近一段时间您有没有看娱乐新闻？有一个女明星走红毯的时候，脸上的毛孔特别粗，而且是油性皮肤，脸上的痘痘都遮不住了。"用这样的话题软化核心类话题，当客户放下防备之后，我们再转入核心类的话题。

四种核心话术促进销售成交

核心话术 1：分清意见和事实

有时候，客户的话不能当真。客户是普通的人，销售人员也是一样的，说的话不可能永远客观。我们要允许所有情绪的存在，但情绪背后的需求到底是什么呢？我们要分清楚意见和事实的区别。

举一个例子，你老公凌晨一点多才回来，这个时候你可能非常生气，甚至会暴跳如雷地说："你怎么天天这么晚才回来，你要是总这么晚回家，我要跟你离婚！"但你也可以跟你老公说："老公我理解你，但是你天天这么晚回来，对身体不好，以后千万别再这么熬夜了！"

注意，老公晚回家之后，你一定非常生气，但不管你的本能反应是什么，都要停下来思考一下他晚回家的真实原因是什么。可能曾经有人向你灌输了一种思想：男人晚回家就是出去鬼混了。但是，也曾有人告诉我，男人在外忙碌事业都是为家庭而奋斗，他们很不容易，这个时候我就会理解丈夫。所以，不管你的脾气是好是坏，都不要失去自身的判断，先要分清楚意见和事实。老公晚回家这是一个事实，而理解或者发脾气则是不同意见的结果。

同理，客户说的任何一句话都要由我们自己考量这是意见还是事实。如果客户说，你们这些人都是骗子，曾经有人对我做出过承诺，最后也没有兑现，所以我不太相信你们。这是客户的意见还是事实呢？肯定不是事实。一定是曾经有人给他灌输过什么意见，或者他自己经历了什么事情，使他对整个销售行业产生了意见，这才对我们产生了惯性的判断。这个意见跟我们有关系吗？没有关系。我们还需要跟他解释吗？解释你就输了，因为会越描越黑，显得自己心虚。所以，面对客户的不同意见，我们先要打开自己的思路，思考这件事到底跟我们有没有关系。如果我们自己的产品可以力求完美，作为销售人员也力求真诚了，那么客户跟我们表达产品不合格的意见，我们淡然一笑就可以了。

如果客户对我有意见，可能是由他过往的认知形成的。我会跟他讲："之前我们从来没有见过面，我们之间也没有建立任何利益关系，您对我的判断是根据您的经验得来的，经验没有对错之分，但这多少有一点草率。我到底是个什么样的人，经历一番事情之后，您就能够看得出来。"这就是咱们对自己的澄清。面对意见的时候我们要淡然，不要过分去解释，我们把事实说出来就可以了。

核心话术 2：把障碍模糊化

销售人员可以利用"冤枉客户"的办法，来把障碍模糊化，解决问题。

我们可以说："对于我们这个产品，您有自己的判断和想法。您说我们的产品有问题，其实从数据来看它没有任何问题。每个行业都比较复杂，跟我们合作，有可能收益高于预期，也有可能低于预期。但是，只有做了才能知道真相，不做永远不知道真相。"

这就是模糊障碍的一套话术："您的观点是对的，追求完美也没有问题。对一个消费者来讲，最终要验证的是结果。但是就算您对这件事的期望值再高，成交阶段看到的效果依然有可能会低于预期。如果今天您对这件事抱有较低的预期，成交以后效果很有可能超出您的预期。所以，您想验证这件事情的结果，最好的方法就是做这件事。作为一个销售人员，如果我一直吹嘘我们的产品效果，您也不会轻易相信。"

这段话术就是在把一些成交的障碍模糊化，不正面面对客户提出的尖锐的问题。

我们把障碍模糊化之后，再去塑造惯性，让对方迅速参与到我们设计的这个环节当中。有一些销售人员听到客户刚表达出来的一些观点，没有经过大脑的思考，马上就判断对或错。这种态度在成熟的客户面前就是极其不负责任的表现，这是非常重要的细节。信任感依靠每一个细节建立，绝对不是一蹴而就的事情。

核心话术 3：坚持立场，避免附和

销售人员没有经过思考就说出口的话是会被客户发现的，这种错误是极其低端的。

解决这个问题有个窍门。比如，客户抛出一个观点，这个时候我故意停顿，转两下眼睛再点头，表现出一个思考的过程，然后跟客户说："对，您说得有道理。"这就是在思考以后给出反馈，避免对客户随声附和。当客户表明他的观点时，我们还可以参照一个话术："您说得有一定道理，但是有的观点我保留意见。"这句话的意思是，客户面对的销售人员是有自己的立场和判断的靠谱的人，而不是以结果为导向的人。还有一种话术是："我觉得您的想法有一些道理，但是我想从专业的角度给您补充一下。"这句话能完全表明销售人员自己的立场，把自己的姿态立住，也会让客户想找你麻烦的概率变得很小。

我们不要成为那种随声附和的销售人员，在跟客户交流的过程当中，一定要保留自己的意见，有自己的底气和立场。如果你是一个唯唯诺诺的销售人员，那么客户想跟你商量价格的时候，可能对你爱搭不理。客户会说："这个价格你们能给我就做，不能给我就不用合作了。"他会用非常轻浮的态度来面对销售人员，因为销售人员给他的感觉就是姿态特别低。同理，回到销售人员自己的立场，我们要允许客户存在任何想法，但是不要去判断对错，要从专业的角度去补充客户的想法。只有把自己的姿态和立场定住了，客户才会觉得你有自己的立场和独立人格，你的档次会比普通销售人员高出一大截。

核心话术 4：假装示弱

销售人员要学会对客户"假装示弱"。有好多销售人员都希望能够通过自己在客户面前的伶俐表达和完美表现，告诉客户自己有多么棒，自己能保证客户获得多大的利益。但是，我认为在整个销售领域里，或者在说服的体系当中，这未必是高级的销售方式。

我讲过一个案例，我想去上书法网课。当时，我只有一个星期的时间去练习，有几家公司和书法学校的人一直联系我。他们说："乔老师，从成年人的角度来看，用一个星期左右的时间足够学会书法，我们能帮你掌握书法的基本技能。"但是，有一天我联系了另外一家学校。这家学校的品牌并不大，销售人员和我沟通的方法完全不同。当时和我沟通的是一个女孩，她跟我讲的一番话表面上是在跟我示弱，实际上是在建立自己的竞争力和优势。她是这么说的："是这样的，先生，无论咱们是不是成年人，完全学会陌生的书法技能，用时都不会那么短。毕竟隔行如隔山，一星期就能学完，这个事您真的信吗？如果您相信，那就跟他们合作。但是，您想练到那些书法大家的水平，达到字体苍劲有力、下笔如有神的状态，一定要经过几十年的训练，怎么可能一星期就达到那样的状态呢？所以，我没法保证您在一周之内就能学会书法，但是我能为您设计未来的学习规划。比如，如果这个星期没有达到预期效果，我会找到专业的老师帮您补习一下，看您还需要提升哪方面的技能。这是我能给您做出的保证。我会从您的实际情况，去帮您设计这些事情。"

当这个女孩跟我说完这番话，我100%地相信她，那就是如果我的期望值确实没达到，他们也有补救的措施。所以，我选择了她，因为我相信她这个人。她没有撒谎和包装自己，虽然是在示弱，但她展现出来的是一个踏踏实实做事的形象，而且很坦诚。

你对客户说"我对天发誓""我跟您保证"这样的话，可信度极低。如今最重要的是打动对方的内心，这样才能够更快地找到成交线索，获得客户的信任。这也是说服体系中的核心问题。包括当竞争对手出现的时候，客户告诉我们，他现在正在跟其他的同行接触，考虑其他同行的产品，而且他们的东西比你的便宜很多。此时，你如果说："您告诉我对方的价格，我家比他家还便宜。"这种"硬碰硬"的做法很幼稚，而且说明你的情绪出现了变化，暴露了我们的底线。

但是，如果我们用"假装示弱"的方式，跟客户说："张总，是这样的，我在这个市场上做了这么多年，成本有多少，我心里很清楚。如果他们的产品真的那么便宜，质量又好，为什么我在这个公司工作了这么长时间？为什么我不早点跳槽呢？这样我能赚更多的钱。因为我明白这其中的道理。今天您觉得省钱，实际上未来会亏进去。价格层面是我输了，我真的不能在价格上再让步了，因为我给您报的价格已经是贴着最低价报的。但是，我们需要漫长的时间去建立稳定的合作关系，不要去贪图一时的便宜。我们是做营销的，想让您有省钱的感觉，这很容易办到。但是，您省下的钱，我们一定会在今后找回来，这是不争的事实。"

以上观点其实是在变相告诉客户："我输了没关系，但是您也未必能够省钱。"这就让客户明白了省钱的真相。我们并没有说对方公司的缺点，而是告诉客户这其中的底层逻辑。从人性的角度来看，客户大概率会反思自己的选择。

顺势而为，制造沟通时机

客户不想听销售人员说话的第一个障碍是"信任度不够"，第二个障碍是"时机不对"。

关于如何建立信任，我们在第五章已经详细叙述了，那么，遇到"时机不对"这个障碍，应该用什么方案解决呢？

我认为，要先明确为什么时机不对。有些客户确实没有时间沟通，所处场合、环境也不太适合沟通，因此对方会拒绝我们。但还有很多客户拒绝的原因，可能是很反感销售人员。我认为，解决这个障碍的最有效方案是"另寻良机"。我提供一个解决思路：

顺势而为 + 激发好奇心

好的销售人员要学会顺势而为

什么是"顺势而为"？

我们在给客户打电话的时候，需要找到合适的时间点。不要在客户工作比较繁忙、赶路、中午休息的时候给客户打电话，要把客户预约到相对安全的环境当中通电话。电话销售也是一样的道理，要给客户预约到合适的时间段，以便他能安下心来，这样会提升沟通的效果。所以，我给客户打电话，基本都会预约到晚上八点到十点这个时间段。

白天沟通的时候，如果客户说自己现在有点忙，我会说："不着急，几分钟的时间是说不完这个事的。今天晚上您大概几点下班？到时我给您打电话，占用一点时间把所有的事情一次性说明白，高效而且不耽误您太多的时间，您看好不好？"

客户吃完晚餐回到家里是他最放松的时间段，所以，最好把时间约到晚上，不管什么样的客户群体，在这个时间段都比较容易沟通。我做软件推广的时候，通常会把沟通的时间约到晚上，并且把这个习惯一直坚持到现在。我发现在这个时段沟通的成功率要比白天高很多，因为人在晚上容易变得感性。另外，人安静下来之后会忘掉所有工作层面的事情，能安安静静地和我们说话。

激发客户的好奇心

当你跟客户谈论常规的问题，没有引起对方兴趣的时候，一定要学会激发客户的好奇心。有一篇科幻小说只有20多个字，大意是地球上最后一个人独自坐在房间里，这个时候突然响起了敲门声。这是世界上最短的一篇科幻小说，读完这短短的20多个字之后，你会想象：这是怎么回事？之后发生了什么？这个结尾吊足了我们的胃口。

和客户沟通也是一样的道理，我们要把讲过的所有信息压缩成一个大大的"为什么"，吊起客户的胃口，勾起客户的兴趣。我经常跟客户讲一个核心问题，我说："你从来都没有听说过，我们为客户搭建的销售体系能为客户创造多少业绩。我们曾经给一个每月业绩大概是500万元的公司做了一个月的培训，让他们的业绩提升了60%左右。"给客户传递这个信息之后，客户就会产生好奇，思考你是怎么做到的。

我们可以把它当成一个技巧，内容可以再次进行包装，重要的是让对方对你说的话感兴趣。

学会化解情绪和利用情绪

如何化解客户的坏情绪

化解客户的坏情绪是建立信任的核心点之一。我们的情绪由大脑的边缘系统负责控制，理性思考由大脑的皮层负责控制。科学研究发现，边缘系统和大脑皮层这两个系统没有办法同时工作。也就是说，对方如果情绪不好，就没有办法理智思考。这时候，我们说什么大道理，对方都听不下去，因为他的大脑皮层没有启动。

当客户情绪失控的时候，销售人员可以先跟他说："您有情绪可能是因为一些其他的问题，我就暂时先不跟您聊了，您冷静一下。"或者我们可以"冤枉"他，反问他："您为什么这样说话？发生什么事情了吗？"用这样的方式打断对方的情绪波动，接着再把客户拉回理性的状态。

比如，在跟客户聊天的时候，他的情绪不是特别好，我们直接向他提问："您公司去年的业绩目标定了多少？今年准备定多少？现在完成了多少？"现实数据可以帮助人回归理性，当对方开始思考这些事情时，情绪就会慢慢消退，逐渐回到理性层面。问题的答案并不重要，重要的是让对方恢复冷静的思考。

如何让客户心甘情愿接受你的建议

"授权不足"是销售人员和客户建立信任的障碍之一。被说服的决定权在对方，如果你主动给对方建议，那么对方就失去了自己决定的权利，这在无形当中激发了他的防御机制，对方不仅听不进去你说的话，甚至会跟你产生对抗心理，产生敌意。这样，你再怎么和他沟通，都没有任何的效果。

所以，在提供建议之前，首先要确定：对方是否给予了我们提出建议的授权？是否愿意听我们讲话？是否愿意接受我们的建议？重要的是，开口之前要先获得对方的授权。

如何获得对方的授权呢？一个重要的解决方案是"有偿建议"，让对方主动听你讲话。

打个比方，如果你是一位权威人士，客户就会很愿意听你的意见。当你的价值足够大的时候，客户听你说话时就会非常认真。只有客户愿意听我们说话，把心房打开，内容才会进入客户心中，这就是有偿建议。

实现有偿建议有两种方式：第一种方式是"让人铺垫"；第二种方式是让对方产生紧迫感。

第一种方式：让人帮忙做铺垫

在销售开局的阶段，找到一个人去铺垫我们的身份，抬高我们的

"段位"。我在做流程式销售的时候，作为公司经理，我经常请我的员工帮我给客户打电话，让他告诉客户："您这个情况非常严重，我会给您找一个最专业的老师，帮忙把问题分析得清清楚楚。这样的人在我们公司都比较忙，特别难约，您耐心等电话好吗？我约上了之后，他会给您打电话。"

这之后客户一直等电话，可一直没有人给他通电话。销售人员会继续铺垫我的专业身份，再次给客户打电话，对客户说："他给您打电话了吗？"对方会说："没有呀！"销售人员说："不对呀，我都找他三四次了，怎么还没打电话呢？我再去问问。"这样又铺垫了一次，这个时候我们再给客户打电话，压低声音和客户说："之前小张一直找我，我这边特别忙，不好意思。我这边大概有20分钟时间，你有什么问题直接说就好。"这时候客户会特别重视我的意见。

第二种方式：让对方产生紧迫感

实现有偿建议的第二种方式，是让对方产生紧迫感：

发现问题 + 表示关心 + 不给建议

比如，我们跟客户讲话的时候可以说："这个问题，您好像觉得不是什么特别大的问题，您甚至不觉得这是在给未来埋下隐患。但是，我在这个行业做了很长时间，我认为这个问题很严重，希望您一定要多注意，尽可能地规避未来可能产生的损失。即便您最终没有跟我合作，不相信我说的话，我也希望您能找一个专业的人帮您把把关，这样您的损失和风险可以降到最小。"

对方可能会出现担忧的情绪，这时，我们再和对方讲任何一句话，他都能够认真倾听。记住,"不给建议"的要义在于,等对方问的时候我们再给对方建议。

有些客户之所以没有选择我们,并不是因为销售人员个人有问题,而是我们说的话让客户太舒服。客户认为自己的决定是对的,所以他不会选择你。举个案例,如果你是护肤品销售员,客户出现了皮肤缺水、长痘等问题,你向客户推荐了产品,客户觉得有点贵,说再考虑考虑。这都是客户下意识产生的外化反应,符合常规认知规律。但我们需要告诉对方:"您买不买我的产品、选不选我们的服务项目都无所谓,但是,我确实很担心您皮肤的问题会变得严重。即便您不选择我也没关系,我还是希望您快一点做出改变。别人可能不会对您说这样的话,我把实际情况告诉您,就是纯粹为您好而已。"

站在客户的角度说服客户

抛开产品本身,从客户的角度切入

如果对方并不关心我们讲的内容,可以尝试站在多个角度说服客户。

从销售的角度来看,只要我们的产品描述做得足够好,就能让对方有一种占便宜的感觉,这也是我们向客户传递的核心价值之一。从说服客户的角度来看,每一个人的选择都是在给自己争取最大利益,这也是说服客户的出发点。错误的说服方式,是让对方按照自己的方式去做事。但事实上,对方并不关心你需要什么,他们只关心自己需要什么,做什么样的选择对自己有利。所以,我们要做的,就是帮他做出最有利于他的决定。

举个简单的例子,学生问老师:"老师,我能不能在阅读的时候吃东西呢?"结果老师瞪了他一眼。但是,他换另外一种方式问老师:"老师,请问我吃东西的时候可以阅读吗?"老师说:"嗯,可以。"

同样的一个问题,当我们用不同的方式问出来的时候,你会发现阐述问题的角度完全不同。说服客户的核心就是，想清楚你应该站在什么角度去阐述问题。

举个例子，我经常和我的客户讲："您在您的行业里边做了这么多年，是一个对行业情况非常了解的人。所以，我说您的哪个地方有不足，您可能会认为我不专业。但是，您公司团队的执行力、凝聚力、领导的管理能力、销售能力都不够好，所以企业最终的效益一定不会很好。一家公司有一个问题没关系，但当它存在两三个问题的时候，这些就成了大问题。我建议您可以去找一个培训公司做一下管理培训，把团队凝聚力、执行力、管理能力、销售技能全部提升一下。"

在我给客户找出来的以上四个问题中，我自己做的销售培训只是其中之一，其他的问题跟我都没关系。但是，我用其他的几个问题，自然地带出我做的销售技能培训这件事情，这就显得我在真心为他考虑。

再举个例子，我们公司专门给企业做内训，包括搭建销售团队、辅助技能提升等。如果我直接和客户说："您公司的销售水平太差了，根本做不出来业绩。想要改变这种情况，必须找到我们这样专业的公司帮您去做培训，这样你们的业务能力才会有所提升。"这段话就是错误的表达。"您必须找到我们这样专业的公司帮您去做培训"，这句话的目的性极强，容易引起对方的反感。

我们可以用"三带一"的方式，按照让对方获利的思路沟通。我会说："以您公司目前的情况，有几个问题要马上处理。第一个问题就是团队的执行力问题，因为公司团队执行力不到位，上层下达的命令大都无法完成。这不是员工能力的问题，而是'人'的问题。第二个问题是您公司的整个团队管理体系也不完善，需要做一场培训。第三个问题就是员工的销售能力的问题，如果销售人员没有基础的销售能力，一切都是空谈。我建议马上解决这三个问题。"

我这样说的目的是，避免提早暴露自己的真实意图。我对他说他的公司有几个方面都需要改进，顺便把我们的销售包含其中，这样我的目的就会非常隐蔽，而且我完全是站在利他的角度。这会让对方觉得我真的在为他找解决方案，并非单独推荐我的产品。

提到别家的产品，达成成交目的

我们在给客户设计的方案当中，不一定只提供我们自己的服务产品，还需要搭配其他的服务，这样才显得我们的服务是真诚的。想做到这点，需要你准确地理解人性。

比如，你是卖化妆品的销售人员，在给客户讲解化妆品的时候，一定不要单独讲自己的化妆品的优点，甚至让客户必须使用这个产品，而是要用让对方获利的思维和客户沟通，比如："您现在的皮肤里面缺一些元素，缺 A 元素、B 元素、C 元素，我们的产品富含 C 元素，C 元素是必须补充的元素之一。"

你也可以和客户讲："哪怕补充其他两个元素时，您都不选我的产品也可以，但是这三个元素缺一不可。"在说别家产品的时候，夸赞这些产品的优点一定要大于自己的产品，这样才显得我们对他讲的所有的话，都是从他的角度考虑问题。这是在销售中说服别人时必须明白的核心思路。我们要走进客户的内心，但不能赤裸裸地走进去，要善于变换方式。

另一个更高级的思路是，我跟客户说三个点，其中有两个不是我们公司提供的服务。我会说："这三个点里边，有两个点我们也能做，但是与团队管理培训相比，我们的销售能力培训更强。其他的培训质量没有那么高，所以我也不能保证培训效果。我们看重的是解决您的问题，而不是单纯地赚您的钱。所以，我建议咱们再继续寻找更擅长管理培训的公司帮您培训。"这样对客户说，会让他觉得我在舍掉自己的利益，纯粹为他考虑。对方听到之后，没有办法不相信。用这种逻辑做销售，客户会离我们越来越近。

让客户快速理解你表达的意思

"听不懂"是销售人员和客户建立信任关系的另一个阻碍。客户听不懂我们的话,第一个原因就是销售人员和客户的认知范围不同,我们跟客户在身份和专业程度上都不一样。在客户所在的行业里,客户是专家,但是每个人的认知都有局限性,比如我经常关注篮球板块,对篮球的赛制比较了解,但我并不了解足球的内容。虽然我们在同一个世界中,但是接收的信息不对称导致认知不同。如何解决这个问题呢?

不要使用过多的专业术语

销售人员在和客户沟通时,如果使用太多的专业术语,很可能让客户觉得一头雾水。比如,一些讲解股票的老师在跟客户讲话的时候,经常给对方讲股票大盘、上证指数如何,形成了金叉、死叉。客户没有办法直接问你"MACD""KDJ"是什么意思,他不懂这些专业名词,又不好意思问。那么,你在和客户交流时就容易产生断档和隔阂。所以,要减少使用专业术语,也许我们觉得说些名词显得更加专业,然而对方可能并不理解我们的意思，这是认知的不同造成的。

给客户提供参考信息

怎么能够让一个英国人快速地读懂中文呢？最好的解决方案是，给他一本汉英词典。同理，有些东西处于客户的认知盲区，我们要给对方提供一些参考信息。比如，一个房地产销售人员一定要把公司宣传册子上面的楼盘信息提前保存到手机里，随时准备把这些资料提供给客户。同行的资料也必须准备好，有备无患，让客户知道这个行业的市场状态、行业的现状是什么样的。

学会结构化表达

销售人员可以运用结构化表达的方式展示专业信息。什么叫结构化表达？比如，我让你去超市买东西，我说："你帮我买点香蕉、苹果、大米，然后再帮我买一个猪蹄、一个石榴、一桶油、一块五花肉，再买一包薯片、一瓶雪碧、一瓶白酒，还有一副刀叉。"说到这里，你是不是都已经忘了我说了什么？但是，如果我把要买的东西分类，比如说："你帮我买一些东西，粮油类的是大米、油，肉食类的是肉、猪蹄等。"这样一来，你是不是就记得差不多了？这种分类列举的表达方式，就是典型的结构化表达。

把握影响及时成交的两大因素

影响及时成交的因素——消费冲动

在销售中经常会遇到这样的情况：客户表示自己要考虑一下，结果第二天早上你再去沟通，他就变卦了。一个人在喜欢一件东西的时候会产生一种冲动，当客户在商场里面看到一个产品并决定买它的时候，这一刻他一定是冲动的。不过如果客户说没带够钱，明天把钱凑齐再来买，那么这件事就有成交失败的可能。即便当时这是客户真实的想法，销售人员从客户坚定的表现和言语上也相信他真的想买这件东西，但是客户回到家后，即便没有身边人的影响，经过一个晚上的消化后，当时十分坚定的那份喜欢、那份冲动也有可能化为灰烬。

每个人对喜欢的事物都容易产生冲动，但冲动有冷却期，在冷却期中，他会突然发现自己原来是在冲动的情况下做出了决定，所以他很快就会恢复到清醒的状态，失去当时的那份喜悦，回归理智的判断。

影响及时成交的因素——他人意见

在换位思考的过程中，我们不仅要考虑客户的感受，还要考虑他身边所有可能的因素。客户永远不是一个独立的个体，他还有亲戚、朋友，那么你在为对方考虑问题的时候，不仅要考虑对方的感受、想法，还要考虑他最亲近的人，要知道跟他最亲近、能对他产生影响的都有什么人，因为这些人都可能会影响他的决定。

比如，销售人员与客户刚刚认识，彼此之间还没有聊太多的内容，销售人员就跟客户讲，用这个产品之后会获得什么样的实际效果，这个产品能解决什么样的问题……这些的确都是要在前期跟客户讲的重要问题，不过仔细考虑一下，销售人员此时关注的侧重点是谁？是眼前的客户吗？这个时候销售人员是在设身处地地为他考虑问题吗？显然不是。

有些时候，销售人员考虑问题过于简单，甚至没有考虑客户的心理变化，没有考虑到他身边还有什么样的人。如果能够对这两个因素进行提前了解，就会让客户感知到，这位销售人员想问题考虑长远，不是盯着眼前利益、鼠目寸光的人。

比如，销售人员可以跟客户讲："张总，我们彼此还没有深入的了解，在这个阶段给您介绍过多的产品信息意义不大；而且，在不了解您的需求、不清楚什么样的产品适合您的时候，我也担心您对于购买产品这件事情没有考虑清楚，所以您不必急于做出决定。另外，我也希望听听您身边的亲朋好友对这个产品是怎么看的，给过您什么样的建议。"

没错，作为销售人员，你完全可以去问一问客户，他身边的人给过他什么样的建议，他们又有什么样的看法。其实每个人在做出选择的时候，通常都会听听朋友们的建议，毕竟身边人的建议还是值得借鉴的。

与此同时，销售人员还要掌握这样一条信息——面对别人的建议，客户又是怎么去回应的。

在具体操作过程中，销售人员在每一次讲话之前要先把自己"摘"出去，然后以一个"请教者"的身份去问客户："您身边的人曾经给过您什么样的建议？他们是怎样看待这件事情的呢？他们没有给您推荐其他的公司、其他的项目或其他的产品吗？如果有的话，您又是怎么看待这件事情的呢？"

作为销售人员，你必须找到这样的一个点，进而判断客户以及他身边的人有什么样的想法。与此同时你还可以通过这样的方式告诉客户，你作为销售人员不仅在意客户本身的判断，还很有格局地考虑到了他身边其他人的感受。你是在设身处地地帮对方考虑事情，而不是单纯地把这个产品推荐给他。要知道，虽然这些不是销售人员的分内之事，但是这样做能够增加对客户的了解，使双方的信任关系变得更加稳固。

提问引导：化解客户的对抗心理

认知偏差导致客户存在对抗心理

化解客户的对抗心理特别重要。从销售人员的角度来看，大部分客户无法信任销售人员，源于他们对我们有对抗心理，甚至是对销售人员的敌意。当我们看到客户皱起眉头，这个信号传递的信息是，客户对我们的介绍产生了反感。我们必须化解自己和客户之间的障碍，对方一旦认定某个结论，我们就会下意识地去寻找相关的证据来证明自己的结论，而且会自然地忽略能证明那个错误结论的证据，这听起来可能有点晦涩。举个例子，有个女孩突然觉得自己的男朋友不爱自己了，这个时候她不会先去找男朋友爱她的证据，而是会找他不爱她的证据，比如不及时回她信息、冲她发脾气、不给她买包包，等等。

当你认准一件事情的时候，你会找到无数个理由来证实它，让这件事情符合你的固有观点，这叫认知偏差。遗憾的是，这个世界上大部分人都存在认知偏差。我们总是没有办法第一时间接受别人的观点，这并不是因为别人的观点不对，而是认知的不同使我们排斥对方给我们的建议和意见。

从"律师机制"到"科学家机制"

美国物理学家蒙洛迪诺曾经说过，人类在判断外在事件的时候会有两种机制：一种机制是"律师机制"，先去做判断，然后巩固自己的判断，排除掉那些证明自己判断是错误的证据；另一种机制是"科学家机制"，先收集证据，然后再去下结论。两种机制相比较，显然第二种更好一点。

采用"科学家机制"，冷静分析，先找证据再去下结论的人少之又少。所以，想说服这种客户，必须面对客户的认知偏差。我们首先要让他从"律师机制"切换到"科学家机制"，然后才能够说服他。

我给大家提供的解决方案叫作提问引导，也叫聚焦效应，要让对方的大脑在交流时只考虑一个问题。比如，我问："你晚上吃的什么？"我问的时候，对方会做出简单的回应。他可能说，"我今天吃了牛排"或者"吃了蔬菜，又吃了点水果"，他会在脑海当中回忆起这些事情。如果我不问这个问题，对方就不会说，更不会想到这个问题，这就是问题引导的效果。

所以，我提这个问题，客户就会想到相关信息，这个时候客户的思维在聚焦。回到这个问题上，客户在思考这个问题的时候，大脑就不会考虑其他的问题，这就是提问引导的底层逻辑。同理，当我觉得对方有负面情绪时，就可以对他这样说："我需要对您的公司做一次调研，您公司今年的营业额目标是多少？到目前为止已经完成了多少？"对方会瞬间忘掉负面情绪，转而掉进这个思考陷阱当中来。

我们在和客户沟通的过程中，可以通过提问，把客户的精力聚焦到我们希望他思考的问题上，把对方的思绪聚焦在一个很小的区域上，改变他思考的内容。

比如，女生说自己男朋友不爱她了，错误的安慰方式是："他怎么惹你了？我看他平时人不错。"当我们这样安慰她的时候，她会想起男朋友既不浪漫又抠门，还没有时间陪她，她发脾气的时候也不哄她。这个时候她会越想越多，越想越生气，最终觉得自己男朋友哪里都不好。

那正确的安慰方式是什么？我会对她说："他真的是太差劲了，我知道你现在一定很难过。但我挺好奇的，你跟他在一起的时候，我觉得他对你挺好的呀，难道是我对他的认识还不够吗？"

当我们这么说的时候，她大概率会说："是对我挺好的。"她会在大脑里搜索对方对她好的相关内容，而第一个问法则会让她在大脑里搜索男友对她不好的相关内容，然后不断巩固这个观念。两种提问方式，会产生截然不同的效果。用这样的思路化解客户的对抗情绪，会变得非常简单。

在和客户交流的过程当中，我们还可以通过提问使客户产生对我们有利的情绪变化。比如，当我们的客户说，他在跟其他的公司合作的时候发现合作并不顺利，现在想找一个新的公司合作。客户在跟我们说这个问题的时候，如何向客户进行提问引导，让客户走进你设定的区域？我会问客户："您为什么跟我们沟通呢？为什么准备和我们合作呢？"这个时候对方会想合作的理由，从而走进设定好的"为什么要跟我们合作"的思考区域当中。这样用预设的问题引导客户的思维达到我们的预期，可以避免客户纠结于和他合作的公司到底好不好。

如何治好客户的"拖延症"

我们在销售成交过程中还有一个阻碍,叫作"拖延症"。"拖延症"让亟待处理的问题迟迟得不到解决,造成小问题拖成大问题。人的"拖延症"来自"明日复明日"的拖延心理。我相信很多人都有"拖延症",我也有轻微的"拖延症",做事的时候也会等 10 ~ 15 分钟,到了自己当初设定的时间点之后,又会再等 5 ~ 10 分钟,有时候 2 小时过去了事情还没办。

这并不是懒惰,而是没有紧迫的时间节点,才会一味地拖延下去。如何解决这个问题呢?

第一招:给客户设置截止时间

当客户不着急行动时,我们会告诉他不用等了,因为明天比今天更加糟糕。我们可以给客户设置截止时间,这个办法看似不高明,但是如果客户对产品有一定的兴趣,这样能起到促进客户下单的作用。当我的客户讲:"这个事情等等再说。"我会告诉他:"可以等等再说,但是您对我们的产品感兴趣并且非常相信我,我在这个行业做了这么多年,如果您到时候不跟我合作,跟别的销售人员合作了,我不确定他能否比我做得更好。现在是非常好的购买机会,错过了,很难再遇到了。其他人也许只关心您的现在,而我更担心您的未来。"说以上这段话时,我是站在完全不一样的角度,看似是关心对方,实际上是给他设置截止时间。我提出的设置截止时间,就是给对方设置一个心理起伏,或者让对方形成"未来不断变差"的心理预期。"未来不断变差"是什么意思呢?是让对方知道,这个问题不及时去解决,就像患病不及时救治一样,病情会越来越严重。

第二招:给对方找一个假想敌

给对方找一个假想敌,也是解决客户"拖延症"的有效办法。比如,和客户沟通时,你可以说:"很多客户都希望我给他们服务,其实他们选择和我合作,不仅是因为能取得良好收益,而且是因为我能站在客户的角度考虑问题。我的售后服务在行业当中的好评率是100%,作为消费者,谁会拒绝我这样的人呢?我今年的日程已经快安排满了,要把事情做好就要耗费时间,所以我空着的服务时间确实不太多了。"

第三招:消除客户的顾虑

紧接着要消除客户的顾虑。所有客户都有选择惯性,就像羊群效应一样具有从众心理。我们要告诉对方,自己的客户是什么样的,不仅你一个人选择了我们,还有很多人做出了和你一样的选择。举个例子,香飘飘奶茶创业之初的业绩和销量一般,于是公司更换了新的广告,新的广告词是："一年卖出 3 亿多杯，杯子连起来可绕地球一圈。"这就会让消费者觉得自己不喝这款奶茶都显得不够时尚。

第四招：允许客户反悔

"允许反悔"也是解决客户"拖延症"的有效方法，允许反悔就是给对方退路，给对方退路的本质是转移风险。比如，你跟公司领导讲"你要给我加钱"，人家不会给你涨工资，因为老总会觉得给你涨了工资以后，你不好好干活怎么办。你可以直接跟他说，"如果我业绩达不了标，不能成为销冠，我还拿我原来的底薪就可以"，这个时候对方就会很快接受你的条件。通过这样的思路，老板要承担的风险转移了，他自然会同意你的提议。

第五招：明确指令

很多客户推迟下单是因为觉得下单太复杂了。销售人员可以直接告诉客户下一步具体应该怎么做，降低客户行动的难度，这可以让客户觉得这个事情很快就会有结论。当对方接受你第一个意见之后，他大概率会接受第二个意见。比如喝酒这件事情，有很多劝酒的人会对对方说："喝点喝点。"对方说："我不喝，我这两天难受，身体不太好，不喝了。"劝酒的人会继续说："就喝一口行吧？"禁不住劝的人会说："行，那就喝一小口。"喝了一小口之后，对方又会说："喝都喝了，多喝点没事。"最后惯性使然，喝多了。

所以，当客户接受我们的观念后，我们要顺势而为，甚至得寸进尺。比如，我们问客户："如果您对我们的产品非常感兴趣，最终能选择我们的话，您打算什么时候签合同？您的快递发到哪里？您用什么方式付款？"销售人员问的问题要从简单到复杂，引导客户成交。当对方接受我们第一个问题之后，他接受第二个问题就会容易很多。

第六招：低门槛数字 + 解决效果

"低门槛数字 + 解决效果"的意思就是对客户的承诺门槛不能太高，而且要尽快看到效果。很多广告会说"只需三天，让你拥有好身材"，"只需三天"是低门槛，"好身材"是效果。"每天只需一块钱，每天读多少本书，让你成为一个有学问的人"，也是同一个道理。

我们要告诉客户，最快在一个月之内，我们会让他的公司的整个业绩有质的飞跃。"一个月"是低门槛数字，如果我们产品产生效果的时间远远小于这个低门槛数字，就会让对方很容易接受。

有效成交：提前培养客户的付款心态

在前期沟通中扫清付款障碍

培养客户的付款心态，意思就是，客户的担心不应该在付款这样成交的关键阶段产生。如果在打款的时候，客户才产生不放心的感觉，什么话都会显得特别苍白和心虚，因为在这个阶段销售人员需要特别小心。比如，客户已经确定打款，在最终阶段客户却有点犹豫，怕上当受骗，很多问题都在这个阶段暴露出来。这个时候再去给他解决这些问题就要倍加小心，然而越小心谨慎，说话的语气就会变得越紧张。一旦出现这种情况，客户就极其容易在这个阶段出现状况。

所以，付款阶段的障碍，一定要在前期沟通的环节当中解决，而不是等出现了再去解决，那个时候已经晚了。销售人员要经常给客户灌输一个理念："如果达不到效果，花一分钱都叫浪费。"根据这点可以引申出一套话术："您有没有发现，我们从来都没有催过您。您作为一个消费者，对于一件事情，永远都要做出谨慎的判断，这是对自己的资金负责的表现。而且从销售人员的角度来讲，我想的最多的一件事情，就是把您的情况详细地了解到位。"

比如，我是投资业务员，我会说："您现在跟其他公司合作，一年收益率大概在30%。您在我这里确实达不到30%，我们的收益率达不到您的期望，这让我没办法给您交代。我已经了解了这个情况，还是下定决心要和您合作，所以，您现在的需求，是我重点要了解的。如果我解决不了您的问题，我肯定不会给您承诺。您跟任何一个人合作，如果效果达不到你的预期，一分钱都不要花。所以，您把您担心的所有问题跟我说了就可以，我来想办法，其他的事情您都不用管。"

要主动跟客户沟通关于放心交付的信息，因为这样的话讲得多了，在后期客户交钱的阶段，很多问题就会被淡化。

我一直在强调一个话术，就是"如果达不到您想要的效果，就不要花一分钱，因为花一分钱都叫浪费"。但是，后面我会加入这样一个环节，告诉客户产品效果可以完全达到他的预期，这个时候花钱就不是浪费，会让他很安心。

不断影响客户的想法，引导客户下单

销售人员经常告诉客户，"您想达到的效果，我们都能轻而易举地帮您达到"，他就会非常果断地下单，只要果断，客户就不会因为其他障碍而停下付款。另外，很多具有固化思维的销售人员会认为，我这种话术是多余的。其实，这段话说的就是客户的心里话，客户的心里话永远都不会讲给销售人员听。这段话可以直接击中对方的内心，他会认为我很懂他，在下单的时候，他才不会犹豫。

这些话不是等出现问题的时候才说，而是要在铺垫的过程当中时刻告诉客户。如果你经常跟客户说："做事一定要慎重，每一分钱都要花在刀刃上，不要花冤枉钱。但只要能解决问题，多花点钱也无所谓。"这是站在朋友的角度上说的，会在他的脑海中形成印象，那么在付款阶段，他就会自动导入这个观点。"如果能达到预期，多花点钱也无所谓了。"

以上这些话不会激怒客户，因为每一句话都是站在他的角度说的。

再分享一下即将成交时的两个秘诀。

一是永久记忆痕迹，文字说服成交。

这个秘诀是在谈判终局或者在成交的后半程穿插使用的，你需要表现自己的真情实感。在跟客户聊完以后，你通过判断与客户沟通的舒畅程度，得知客户特别信任你，成交的概率非常大。这时候，如何增大成交的概率呢？

与客户的沟通刚结束时，彼此同频，在这个时候，你要仔细编辑一条长一点的微信内容发给对方，比如："感谢您对我的信任，我感到很温暖。在这个行业里边，我已经做了很多年了，但像您这样第一时间展示出对我的信任的朋友，真的太少了。遇到您这样的朋友，我会用心为您做好服务，用行动说话。"类似于这样的语言，能够让你在客户的心目中占据更大的分量，起到加码的作用。

真情流露的表达必须及时，不要过后再编辑，或者等一会儿、想一想、不好意思发。当灵感迸发的时候，就要握紧它，这样才能迸发出惊人的力量。尤其是在前期信任基础不错的情况下，客户突然没了消息，你付出了很多努力，但是不知道问题出在哪里，面对此种情形，我们必须使用这样的方法趁机唤醒客户成交的想法。我们要追溯过往，注意描述细节，比如曾经发生过哪些事情、触发了某些行为，以及客户曾经说过的话、对产品哪方面感兴趣，等等。通过展示你的真情实感，直击客户心灵，激起客户对你所有的记忆。

二是培养忠诚客户，战胜对手才能高效成交。

为客户铺垫的过程不仅拉长了成交周期，也会堵住客户的合作出路。要记住，销售人员的导向是："客户只有相信我们，才是他最好的选择。"当你让客户感受到，你是他当下最适合的选择时，他一定会谨小慎微地面对所有的同行。

在销售体系中，这个叫作"破冰"。只有当客户真的把你的话听进去了，你对他才能产生真正的影响，无论是外在的还是心理上的影响，都属于"破冰"的范围。当客户开始接受你，成交就近了。

作为销售人员，要记住，你不同于其他的同行，不同于客户接触过的同行，你已经给他留下了难以磨灭的印象，这叫作"真正的破冰"。随着时间的推移，你说的话在他心里会越来越有分量，越来越能影响他的决定，这时称为"完全破冰"。

不同于只看眼前的短暂效果的普通销售思维，我们是在放长线钓大鱼，这样才能效果最大化地迈向成功。拉长整个战线不是我们的最终目的，只是在策略上做了调整，换了一种方式，堵住了客户其他的可能性。

你与客户之间的关系呈推进的状态，结果一定会显现在推进的过程当中。他的其他可能合作的路径全部被你用这样的方式堵住，他的选择从十个选项到最后只剩下一个选项，这个选项就在你的手里。你所提供的选项基于你前期的所有设计，你就是这盘棋的设计师。

09

第九章

拆解客户类型,
轻松说服任何人

从我过往的经验来看，所有的客户大致可以分为八类：随声附和型客户、强装内行型客户、虚荣型客户、理智型客户、冷漠型客户、好奇心强烈型客户、粗鲁型客户、挑剔型客户。这几类客户几乎是一个销售人员能接触到的所有的客户类型。每一类客户都需要专门的销售话术来应对。如果你能将具体的客户对号入座，说明你对客户掌握得比较精准。接下来我们先分析一下这几类客户的特征，然后逐个进行心理分析，最后给出应对方案。

如何应对随声附和型客户

随声附和型客户的特征

随声附和型的客户表现出两个特征。第一，不发表任何意见。这类客户的基本特征就是你说了很多话，但客户只回复"嗯、好、知道了"，你不问，他就不说话，问了也不会多说，以至于你根本没有办法通过语言判断这个人的心理状态和想法。第二，无论你说什么，对方都只是点头或者一言不发。这类客户最难应对，因为这类客户的切入点真的特别少。针对这样的客户，我们通常的解决方案并不能起作用，因为我们需要通过客户的话语来判断他们要传递的信息，判断说这句话时客户是怎么想的，客户为什么说这句话。客户至少要给我们一个判断的切入点，一言不发的客户，我们根本没有办法切入，但是我依然有相应的解决方案。

这类客户有三个心理特征。

第一，今天没有打算购买这个产品，或者没有打算今天做决定，也可能是购买的意愿还没有形成。客户买东西先要有自己的需求，发现了自己的痛点，再去寻找这个市场上的产品，需求和产品之间进行匹配。如果匹配他就会去下单，或者推进进一步的成交。但是随声附和型客户今天未必有买产品的打算，或者他就是过来看一看而已。

第二，只是想了解大概的情况，并不着急购买，没有100%下定决心拿下产品，购买欲处于不温不火的状态。

第三，客户想快点结束产品的讲解，因为客户不愿意和销售人员聊天，呈现出了疲惫的状态，这种情况下的客户没有办法去切入话题。

应对方案一：主动询问客户不购买的原因

面对随声附和型客户，我们不妨转换一下角度。如果想了解客户是怎么想的，销售人员可以从对方的角度出发，主动询问客户今天不购买的原因。

我会这么讲："眼前的这个产品，您看怎么样？我已经把产品所有的功能都给您介绍了，这些功能是否能够匹配您的需求？我希望您能给我一个答复。您今天不打算购买的话也可以跟我聊一聊原因，我会根据您的想法做出相应的调整。如果我们的产品没有匹配您的需求，那么接下来再给您推产品的时候，我会围绕您的需求跟您沟通。我希望能够给您提供更专业的建议以及更多的选择，这是我的责任。"

我们用这样的方式跟客户讲话，要做到两点：

第一，要能把产品的功能全部说出来，尽量匹配客户的需求。你可以询问产品是否匹配了他的需求，一定会得到有或没有的答复，这都会给你的下一次沟通提供理由。

第二，如果产品不能满足或者是比较能满足客户的需求，你再和客户沟通的时候，可以针对对方的需求再对产品做一些调整。

这么做的目的是让客户说出为什么今天不买产品，或者为什么眼下不着急买。客户对这个产品的了解只停留在表面，从专业维度上看，销售人员和客户的信息高度不对称。信息高度不对称意味着客户没有100%地了解产品，这时不会着急买，客户觉得自己的需求不需要快速被满足，因为客户只看到了他认知范围之内的产品状态。但是，销售人员要让客户知道，看到和使用的感觉是不一样的。客户没有使用过产品，就没有办法亲身感受。

为了让客户体验实质拥有的感受，我们要给客户制造体验场景。制造体验场景有两层：第一层是直接给对方描述使用产品之后的感受，包括听到的、看到的、闻到的、触碰到的感觉；第二层是让对方想象精神层面的感受，也就是使用这个产品之后，自己在别人眼里的样子。我们每个人的记忆是由无数个图像组成的，它既不是文字也不是符号。当我们在给对方制造这样的图像时，在他的头脑中便会产生真的拥有这件产品时的画面，侧面促使对方快速做出购买决定。

应对方案二：解答客户的真实疑惑

解答真实疑惑时，跟客户讲话的比重不能太大，可以在一个阶段跟客户表达关于产品的内容，但是每一次表达完之后都要问对方："我表达清楚了吗？这方面您还有什么问题？"对随声附和型客户说"听清楚了吗，明白了吗"类似于老师检查学生作业，这能让客户知道你不是在走过场。这样你再说这些问题的时候，对方就会认真倾听了。

应对方案三：主动推动客户进行决策

当你在跟客户聊 A 问题时突然发现进展不下去了，这个时候不妨换到 B 问题，提出新的问题跟客户聊，这样就能破局。如果客户不表达任何态度，就可以自然而然地推动话题的进展。

在给对方打电话时，对方作为消费者有很多种选择，甚至需要反复对比产品。你打这个电话，希望对方能具体讲述自己的需求。你可以把所有的问题收集起来，尽可能地做一些规划。再打电话的时候，看看对方的需求和产品能不能完全匹配。

其实，所有的问题都需要被解决，只是看谁能解决得更好而已。所以，销售人员必须先了解客户的需求，才能知道产品适不适合对方。客户能跟你沟通说明对这类产品有意向，只是不知道什么时候选择。但是，客户早晚都要迈出这一步，客户对这个产品不表态，是在犹豫要不要购买，而你告诉他早晚都要选择这款产品，实际上是在推动客户做出选择。

应对方案四：策略性地放弃

策略性地放弃客户，寻找下一个潜在的客户。策略性的放弃不是真正的放弃，而是假装放弃。你和客户沟通了很长时间，客户却没有任何表态，说明客户可能不知道自己的需求是什么，也可能是所有的产品功能并不符合客户的需求。

客户的需求不能得到满足，面临的问题不能被解决，要让客户及时跟自己反馈，这样既能让我们知道问题出在哪里，也不会浪费客户的时间。否则，虽然每天追着客户，但客户对这个产品根本不感兴趣，这样会无形中提高时间成本。如果客户告诉你原因，放弃没有任何问题。如果客户的需求你匹配不了，你甚至可以帮客户寻找能够满足他的需求的同行公司。

客户看到了你的格局，虽然不一定会高看你一眼，但会在内心深处尊敬你。所以，战略性地放弃一个客户，目的就是让客户把真正的问题说清楚，争取刺激客户下定决心。

如何应对强装内行型客户

强装内行型客户的特征

什么叫强装内行？就是认为自己比销售人员更懂产品。这类客户的内心往往没那么强大，他们在表面上外化出"我很强硬"的状态，其实是在掩饰自己的无知，这时候销售人员不需要去拆穿对方。强装内行型客户的特征是什么呢？

第一，认为自己比销售人员更懂产品。

第二，没耐心倾听销售人员讲解，常说"我知道，我了解"。分析对方的心理状态可知，这类客户在沟通中不希望销售人员占优势，不希望被销售人员掌控，需要存在感。他们不断利用"我知道"来保护自己，希望展现自己"很懂"。这样的状态，实际上是出于一种自我防御机制。面对别人先打开自己的防御机制，摆出不接受、不敢开心扉的状态。因为他们害怕受伤害，过往的经历让他们过于敏感、擅长察言观色。

这类客户的心理特征有：

第一，沟通中不希望销售人员占优势，不希望被销售人员掌控。

从客户层面来讲，也许这个客户之前上当受骗过，感觉别人都要伤害他，所以他说任何话时总是试图驳斥对方，总是说"不是不是，我知道，我懂，我了解"，用这样的话语去建立防御，不希望销售人员占优势，不希望被销售人员掌控。

在沟通的时候，这类客户心里都有一杆秤，衡量你几斤几两，分析你是怎样的对手，想着不能让你占据上风。如果你占上风的话，对方就觉得吃亏，甚至感觉自己要破防了。这样对方会越来越疏远你，语调越来越亢奋，甚至越来越愤怒。

第二，希望展示自己很懂的状态，想要强调自己的存在感。

存在感每个客户都想要，但是这类客户极其想要。这个时候你夸赞对方一句，他肯定会越说越开心。但是，你必须提高警惕，客户说得越多就会显得你越无知。

第三，不断利用"我知道"来保护自己。

应对方案一：假装认同并提出新观点

假装认同就意味着认可客户说的这个问题的存在，但是不一定赞同客户的观点。提出新的观点就是从专业的角度提出观点，不要让自己被客户的观点左右。面对这种客户要永远不卑不亢、不赞同、不拍马屁，不跟着对方的节奏走。如果客户假装专业，可以直接和客户聊产品。

当然，客户的想法是基于自己的需求的，所以理解客户的认知需求没有任何问题。因为产品出现以后，永远都有人喜欢，有人不喜欢，这是合情合理的。谁也不可能做到让所有人都喜欢，这也是不争的事实。产品的好坏不是由一个人来判断的，而要根据所有使用者的需求是否能够得到满足来判断。所以，不能说没有满足某个人需求的产品就是坏产品。

客户有自己的道理，我们也有自己的看法。但是作为消费者，客户的需求要由专业的机构满足。所以，要允许客户存在看法，但是销售人员最终还是要表达自己的看法，不让客户的看法影响自己。

应对方案二：找到客户对产品认知的漏洞

第二个解决方案是找到客户对产品认知的漏洞，让客户清楚自己的认知存在欠缺。有很多客户真的懂这个产品，但你一旦承认了客户很懂，客户会天然地瞧不起你。人总是追随强者，追随更专业的人。只有追随更专业的人，才意味着自己的钱花费得有价值。当客户说完自己的观点之后，你说"对对对"，表面上是在恭维对方，以为客户挺开心，实际上是自降段位。所以，面对强装内行型客户讲述产品的功能和毛病时，你应当在不推翻客户想法的情况下找到客户的认知漏洞，保留自己的意见。

你可以跟客户讲："客户作为消费者，有很多的想法都是出自自己的需求，但是一个产品面向的是全国的客户，所以要综合考虑。我在这个行业里这么多年，您说的这个问题，有很多客户已经提过了，但是每一个客户在真正使用这个产品的时候，都会打破原来的认知。因为看是一回事，用又是一回事。所以，先别着急下这个定论，当使用的过程中出现问题的时候，我们才会修改原有的方案。只凭借旧有的经验判断，是无法预料结果的。"

上面这段话的言外之意就是，客户只有使用了才有资格说话。让客户清楚自己的认知缺陷，明白他并不是那么专业。你要记住，无论遇到什么样的客户，不论客户如何挑剔我们的产品，你都要知道产品只是个客观存在的事实，最终做出决定的是客户这个人。每一个人做决定，都是在用过往的选择偏好去选择眼前的产品。所以，我们要将更多的精力用到人的身上，人的看法决定了最后你能不能被选择，不要过度关注产品。

应对方案三：为客户解围并趁机推进成交

第三个解决方案是，当对方无法顺利表述产品时，为其解围并趁机推进成交。当对方指出我们产品的问题时，我会告诉客户"你的理解也对"，并且顺着他的思路推进成交。这个解决方案是有效的，但是我并不十分赞同，因为我从来不想迎合客户。

有很多人会觉得用正常的销售逻辑应对强装内行型客户，是在尊重客户，是在理解对方。这么做可以显得你很有礼貌，但是成交结果显然比礼貌更重要。不过，我们也不要诋毁对方，指责对方胡说八道，应该展现自己不卑不亢的状态，可以尊重对方但不要过度。

如何应对虚荣型客户

虚荣型客户的特征

　　虚荣型客户有两个特征：第一个特征是，他会有意无意地提到自己身上的贵重物品。第二个特征是，他会不经意地透露自己的职位和收入。

　　虚荣型客户来到你这里并不是为了了解你的产品，可能这个产品他早就想买了，但是在买的过程当中，他总是想展现一下自己购买的实力。所以，客户总是想跟你分享一下他的成功人生，炫耀自己的财富或者地位，其实就是刷自己的存在感。比如，有的客户跟你说："我可没钱，我这一个月赚个三五万元的，收入不高。我们的公司今年才赚了100多万元，去年业绩目标都没完成，今年也才完成1000多万元。"这就是在炫耀自己的收入。这类客户是最容易被说服的一类客户，因为他们不但有突破口，而且有着明显的弱点。

　　虚荣型客户的心理特征是什么样子呢？第一，他们渴望别人认为自己很有钱。第二，往往容易冲动消费。一定要记住，这类客户需要你对他进行刺激，你只要刺激他一下，他就很容易冲动消费。

应对方案一：让对方感受到充分的精神满足

应对这种客户的方案是什么呢？你要让对方感受到充分的精神满足，既不捧杀也不夸奖。

我们可以对他说："您这样的地位，绝不是一般人能达到的，真是太厉害了。""您怎么这么厉害，这个年龄就达到这样的成就了，我见过那么多的客户，从来没有一个像您这样的人。这说明您非常有魄力，而且做决定一定是干净利落、快速果断的。"

这不是捧杀，而是通过我的眼界来表示自己从来没见过客户这样的人。

举个销售奔驰的例子。我对客户说："您要买什么型号？"对方说："奔驰 S 级。"我略显诧异地问："您多大年龄？我看您年龄不大呀。"他回答："我今年 31 岁。"我说："怎么可能！您看着不像 31 岁，是要全款买吗？"他说："全款买。"我说："那就太不公平了，我从来没有看到一个您这样岁数的人提这样的车。在我的认知当中像您这么大年龄的人，开个大众就不错了。这说明您有一定的商业头脑，要不然不能做到今天这个地步。我相信您肯定是一个做事非常痛快的人，这样的年轻人做事才更容易成功，今天我算见识到了。"

应对方案二：给客户描绘一个很大的愿景

另外，我们可以给这类客户描绘一个很大的愿景。其实这类客户要的就是精神满足，你只要满足他的面子就可以了。

我们要跟客户说："您使用我们这个产品之后，如果感觉特别好，将来想带着您朋友买这个产品的话，可以享受 VIP 的待遇。您的朋友只要提您的名字，所有的事情我肯定安排好。您办事这么有魄力，我会跟您朋友说，有您这样的朋友真的是太幸运了。"

如何应对理智型客户

理智型客户的特征

说服理智型客户的难度系数比较高。不过这类客户也有三个特点：第一，他会认真听你的产品讲解。第二，客户对产品会有一定的认知和判断。第三，说话比较少，但提的都是专业问题。

理智型客户有什么样的心理特征呢？

第一，对产品有自己的认知和判断，这类客户对于产品有自己的绝对判断，甚至在见到销售人员之前就知道是否要选择你。第二，缺少一个充分的下单理由。客户在下单之前需要一个理由，一个具有很强说服力的理由。这类客户一旦成交了一次，忠诚度会非常高。

应对方案一：保持严谨和礼貌，展现自己的诚实

面对这类客户，你要保持严谨和礼貌，并展现自己的诚实。在这种人面前，你必须保持严谨，语言风格统一，前后都要搭调，而且一定要诚实。因为一旦客户识破你讲的话有水分，那么后续的合作基本上没法推进，客户甚至会转身就走或者马上挂电话。严谨、礼貌、诚实是这类客户的特质，所以要让客户感受到我们也是这样的人。

面对这类客户，我们要提前设计沟通方案，比如我经常使用的一个思路是，今天跟客户聊关于产品的一些内容，A产品一共有六个优势，但是你只和客户说五个优势。客户认为你已经把产品介绍完，正准备离开的时候，你一定要突然打断客户说："稍等，实在抱歉，刚才还没和您讲第六点，我总觉得少点什么东西。我跟您再说一下第六点！"说完之后做出如释重负的样子，用这样的方式展现自己。

又如，客户跟你电话沟通，对方把电话给挂了之后，过了30分钟你再把电话打过去，在电话里这样说："刚才您跟我说的第三点需求，具体指的是什么需求呢？我刚才复盘的时候，没有梳理清楚，麻烦您花1分钟的时间再解释一下可以吗？因为我要把您所有的需求做一个整合，并且做出应对策略。"对方说完之后，挂断电话即可。什么叫设计，这就叫精密的设计，如果你想在客户心目中留下严谨的印象，这些技巧可以帮你立住自己的人设。

我见过最好的销售人员，每一个环节甚至说的每句话都经过精密巧妙的设计。就像小品演员一样，上台表演节目时观众的笑点都是提前设计好的。

我自己也是一样的，如果有一个非常重要的场合或者大课，我都会

把每一个环节提前演练一遍，我知道大家在哪个环节会笑，在哪个环节会有所动容。所以，做销售也是一样的，这不是一蹴而就的事情。

应对方案二：坚持客观立场，情绪不要有任何波动

面对理智型客户，说话必须不偏不倚，一定要一碗水端平，这样才能达到客观的状态。

怎么展现自己客观的状态呢？可以说些公司的无关痛痒的毛病，我和客户会这样讲："关于价格的问题，我知道您可能觉得贵，不过我们的产品质量好，在市场当中的口碑没的说。从我个人的角度来讲，产品价格确实不低。我也跟公司领导说过价格偏高的事情，但是多次反馈没有结果。我作为销售人员要为客户负责任，所以我也在考量这件事情。如果我发现公司价高质次，那么我一定会离开这个公司，因为我也要维护自己的口碑。但是，客户对我们的产品质量赞不绝口，所以这个价格是相对正常的。如果您还是觉得心里不舒服，我尽量帮您争取更优质的售后服务。您可以从自己的需求出发，好好换算一下付出和回报的比例。我当然希望您最终能够跟我合作，但是我更愿意我们能开开心心地合作。"

我刚才说的这番话呈现了自己的客观立场，既不偏袒公司也不偏向客户，我是在中轴线上的。我的立场是希望大家都开心，能为客户多做一点就做一点，前提是公司也不要太吃亏。作为销售人员我希望客户能选择我，既然是因为相信我才跟我合作，我也不会让客户吃亏。

我是站在客观的立场上的，所有的话都没有站在我和公司的立场上，

这样的表达方式会让客户放下戒备心理，因为我不带有任何目的和功利性，是纯粹的利他思维，这会让客户觉得跟你沟通很公平，心里非常舒服。而且客户自己心里有杆秤，如果你过分夸大公司，客户可以识别出话语的真假。所以，索性客观一点，让客户觉得你这个人非常实在。

应对方案三：强调产品的实用性，给客户充分算账

充分算账的意义是，让客户觉得花费远远小于他的收益，认为这是一笔划算的买卖。客户花了 100 元，收获了 150 元的产品，这就是非常划算的一笔账。客户想要的是占便宜的感觉，我们怎么算账才能够给他占便宜的感觉呢？比如，我们把产品的价格换算成使用每天花多少钱，一天几块钱、几十块钱。这样进行对比，再昂贵的东西也不会显得太贵。买一款汽车还 5 年贷款，一天才花费几十块钱而已。总价格除以时间，得出的价值最容易打动别人，这是最好的算账方法。

另外，客户付给我 100 元，我给客户 100 元的产品，这叫等价交换。客户给我 100 元，我给客户价值 120 元的产品，这就是客户想要的占便宜的感觉。不仅为客户节省了几十元，还会给客户带来其他价值。这个价值是什么？比如，我在这个行业当中认识很多精英，可以将这些人全部介绍给客户。又如，我会给 VIP 客户提供一些货源，让客户觉得满载而归，花 100 元买了更多的东西。

如何应对冷漠型客户

冷漠型客户的特征

冷漠型客户有两个特征：第一，跟他打招呼，他会不搭理你。第二，面无表情，难以接近。销售人员在做高价值或者高客单量的销售时面对的那些高段位的客户都是这个样子的，好像自己不食人间烟火似的。

这类客户的心理状态是什么？第一，不喜欢生硬的推销，你的销售目的性不能太强，目的性太强反而会引起对方的反感。第二，他们更喜欢亲自循序渐进地了解产品。第三，他们对细微的信息和细节比较关心。

应对方案一：态度不卑不亢

对于这类客户，通俗的产品介绍不会奏效，过于热情会让对方反感，这就是俗话说的"上赶着的不是买卖"。所以，对这一类客户，我们采取的态度就是不卑不亢。什么是不卑不亢？就是不要主动把产品讲解完，要问他还有没有想法、是怎么想的，然后再正常切入产品介绍。

应对方案二：用产品特点引起对方好奇心

通过对产品的某个特点的概述，勾起对方的好奇，这非常重要。而你的产品要具有特点，可以通过某一个特点解决客户面临的问题。比如，你可以说："我是做美容的，我们有一个产品，其最大的特点是，一晚上就能改善黑头问题。我有个客户第二天要参加演出，但是他的黑头问题非常严重，他找人打听有什么产品能解决这个问题，最终打听到我们的这个产品。当天晚上他使用了产品，没想到第二天肌肤变得如剥了皮的鸡蛋一样吹弹可破。"这种表达方式体现了产品的功效，可以勾起客户的好奇心。

应对方案三：客户感兴趣后再介绍产品

当客户展现出对产品的兴趣之后，再去介绍产品。

实际上，第二个应对方案和第三个应对方案紧密相连。用第二个应对方案先引起客户的兴趣，之后再去介绍产品，这是一个反推的过程。专业性问题及非专业性问题要灵活切换，我们跟客户聊天的过程中，专业性话题占30%，70%要聊非专业性的话题，非专业性的话题就是产品以外的问题。

以上就是应对冷漠型客户的方案，大家一定要注意，应对冷漠型客户的有效办法，是在某种程度上引燃对方的热情。但是，如果客户明确说不喜欢，你还在强硬推销，这是没有意义的。

如何应对好奇心强烈型客户

好奇心强烈型客户的特征

好奇心强烈型客户在我看来比较容易说服。这类客户有两个心理特征：第一，会很认真地倾听产品介绍，提的问题越多就意味着他越感兴趣。第二，只要产品足够有吸引力，就一定会购买。

我们知道了这类客户的特征之后，给出的应对方案是：第一，满足客户的好奇心；第二，肯定并加深客户的喜爱；第三，给客户提供创意性的附加值。

应对方案一：满足客户的好奇心

满足客户的好奇心意味着我们和这类客户沟通时，要先去调动客户的好奇心，再去满足客户的好奇心。比如你可以问客户："您有没有听说过我们这个产品？"对方说："没有听说过这个产品。"你说："不对啊，我们公司的这个产品在客户群体里的口碑比较好，您之前一点都没听说过？许多公司都在用我们的产品。"这时候，你就成功引起了对方的好奇，对方会想哪类公司用了这个产品？我会把答案告诉对方，从而满足对方的好奇心，这就是勾起好奇心，并满足好奇心。或者，你可以对客户说："这个产品在上个月帮助我们的客户实现了超过25%的收益。您上个月的收益是多少？"他说："15%，你们是怎么做到的呀？"你对他讲你们是怎么做到的，这也是在满足客户的好奇心。

应对方案二：肯定并加深客户的喜爱

客户如果喜欢产品的某一个功能，你可以对客户说："哎哟，您看这个产品看得还是比较准、比较清晰的，一般的客户都是觉得产品挺好，但是不知道哪个点好，所以我着重地给您说一说这个产品最突出的特点。今天遇到了识货的人，得跟您好好聊一聊。"用这样肯定的语言来满足客户的好奇心。

应对方案三：提供创意性的附加值

所谓创意性的附加值，就是其他销售人员都没有办法给客户提供的价值，只有我们能给他提供。比如说："我认识那么多朋友，可以给您提供您未来可能用到的人脉。"这就是在给他一些附加值，也就是前文中提到的增量。

如何应对粗鲁型客户

粗鲁型客户的特征

粗鲁型客户的特征是什么？第一，脾气不好。第二，完全不想听产品介绍，而且不断找碴。第三，对产品的疑心很重。这类客户脾气比较火爆，你在介绍产品的时候他认为这也不行那也不行，自己没花钱却还在那里挑刺。对于这类客户，销售人员绝对不能妥协。

这类客户抱着什么样的心理状态呢？第一，他们有私人的烦恼和压力。第二，之前被同行欺骗过。第三，防备心很重。

我们怎么去应对这类客户呢？第一，不卑不亢，展示真实的自我。第二，不要争论，要缓解客户的抵触情绪。第三，远离成交，卸掉对方的防备心理。这几种方法我们要经常使用。

应对方案一：展示自己的不卑不亢

客户越粗鲁，我们越不能低三下四。展示真实的自我并不是吓唬客户，而是告诉客户，你有你的脾气，我的本事也很大。这个世界上本事大的人才会被别人尊重，才会有自己的性情。

那怎样展示自己的不卑不亢呢？我会和客户讲："我是个销售人员不假，但是我也需要高质量的客户。如果眼前的客户是一个特别容易找事的人，我概不接待。为什么？因为我觉得，这样的客户虽然眼下成交了，但是后续服务的时候会很麻烦，会耽误我与更多的客户成交，所以我不会做亏本的买卖。我不同意其他销售人员的观点，认为成交了就算是完成了任务。我看到的是未来两三年的服务周期。所以我不会选择一个挑剔的人。"

我们一定要积极跟客户沟通，而且要大胆一点，你可以说："您跟我用这个态度说话，可能是因为我做得不够好，但是您现在跟我聊天，我说一句话您顶我十句话，这能解决什么问题呢？咱们这是在寻求合作解决问题，不是我求您，所以我希望咱们能好好聊天。"我用这种语气跟客户讲话，并不会激怒对方，那些表面上非常粗鲁的客户反而会尊重你。实际上，粗鲁型客户大多欺软怕硬，你强他就弱。

应对方案二：缓解客户的抵触情绪

欲擒故纵、不卑不亢都是为了让客户离我们更近一点，为达到目的而做的铺垫。

有些客户可能被其他销售人员"坑"过，因此会对你产生抵触情绪。客户对你有防备的时候，他心里的想法是："我当年被骗了，不能第二次上当，我再信你就是第二次上当。"面对这种客户，大家一定要注意，客户因为过去的经历不相信眼前的你，最好的解决办法不是对客户说："我理解您，人间自有真情在，咱们吃一堑长一智，小心一点。"而是说："我说这话可能不好听，但是忠言逆耳、良药苦口。我在这个行业做了这么多年，见过被销售人员坑惨的客户，也见过一直很顺利的客户。我发现，真正的好客户在选择销售人员的时候，是非常坚定而且自信的。我理解您一直想找到一个完美的销售人员和公司，但一个销售人员他也想找到一个完美的客户。尽管每一个公司都有售后服务部门，但是主导服务的人一定是销售人员，您好好想一想。"

表面上我是在为他好，其实是告诉他太磨蹭了，可以果断一点。磨磨蹭蹭，未必就能遇上最完美的销售人员。但凡是有质量的客户，他听完你这些话之后一定会有所触动，因为这符合他的心路历程。

应对方案三：远离成交，卸掉对方的防备心理

远离成交，卸掉对方的防备心理，这叫作释放成交感。

举个例子，最近一段时间，我去给一家公司做咨询。我服务的这家企业是给机器人做配件的，配件要用在别人的产品上。比如，这个产品是一个健身设备，我们给它提供某一个配件。每次跟客户交流，我都会说："我们都是从外地过来的，咱们相见一场挺不容易，那我也就跟您知

无不言了。虽然我们也有很多小客户，能给我们产出一部分利润，但是这一年我基本不需要亲自出面谈判，因为我在他们身上看不到希望。通过您的描述，我觉得您的品牌在这个行业里有非常大的潜力，甚至很有机会做成头部。今天过来，我想说的是，我看好您的这个品牌的市场以及未来的发展前景。随着您的这个产品名气越来越大，我们配件的名气也会越来越大，所以，我希望通过全面的沟通，把我的产品给您介绍清楚。我们共同做大蛋糕，这才是真正的合作。"

我没有提任何关于成交的问题，但是我讲的所有内容都在指向成交，我在卸掉对方的防备心理。我不需要推荐对方考虑我们的产品，但是我在双方之间画出了未来的方向，希望双方共同沿这条路线前进。

再举个例子，当我们的客户走进店铺问："你家这个产品多少钱？"一般的销售人员会直接回答价格，但是，这种回答方式大错特错，会让你距离成交越来越远。

换一个思路，我会说："您是第一次来我们店里吗？之前有没有听说过我们这个品牌？"对方说听说过或者没听说过，这都没问题。

我会接着说："我们这个产品在客户群体中的口碑很好，但是在推广上很少花钱。而且我们这个品牌是新品牌，在整个市场崭露头角，是通过客户口碑来积累知名度的，我给您大概说一下品牌的来源。"

之后我会说："您现在面临什么问题？现在的状况是什么？"当他介绍完自己的情况，我可以说："你的需求和我的产品完全匹配。"我不说成交的问题，也不说公司背景，而是探讨客户的需求，这种沟通方式会让客户渐渐放下戒备心理。

如何应对挑剔型客户

挑剔型客户的特征

挑剔型客户的特征：第一，对产品的功能和价格都非常挑剔，不管多低的价格，都认为自己吃亏了，觉得自己买贵了。第二，对销售人员有很大的排斥心理，反感销售人员。

这类客户的心理状态有两个特点：第一，下单十分谨慎，害怕上当受骗。第二，提问都是为了消除自己的顾虑，他的问题围绕着自己的顾虑展开，甚至有些故作聪明。

应对方案一：放慢成交进度，展示放弃利益的态度

比如，我是金融行业的，我的客户要拿出一笔钱来投资，这件事还

没有眉目，我会和我的客户讲："您拿出这笔钱跟我合作，说明您充分相信我，我真的非常开心，我一定不会辜负您的信任。但是我见过很多类型的客户，也见过很多类型的家庭，您说这笔钱都是您的，但我觉得您其实是在拿家庭财产投资，有必要让家人知道一下这件事情。不要因为这个投资，影响家庭的生活质量，影响婚姻质量和孩子的前途。其实，男人在外打拼事业、做投资都没有问题，但是我们需要保证自己家庭的和睦、稳定，这是我想跟您表达的核心观点。这件事您要跟家人商量一下，听听他们的看法。"

这番话表面上看是在放慢成交进度，实际上是在加快成交进度。因为当你眼前的客户选择你的产品之后，一旦出现损失，不是他自己就能完全承担的。当他意识到除了他以外，你还在帮他考虑他身边的亲人，他就会认为你是负责任的人。放慢成交进度就是多为客户考虑，不仅是金融行业，各个行业都一样。你对客户说："您回去考虑考虑，跟家人商量一下，咱们不着急。"你越是这样说，你的客户心里越踏实，离你就越近。作为销售人员，你能说出这句话，可以无形中拉近你和客户的距离。

应对方案二：从客户的角度出发表达他的疑虑

比如，你的客户是你今天见到的第十个客户。如果前面的九个客户都有一些疑虑，甚至选择拒绝，你可以提前收集这些信息。

当第十个客户表达这些疑虑的时候，你就可以说出客户的心中所想，比如："您心里是怎么想的我太明白了，虽然您是我的客户，但是有些话该说我还是要说。您担心被骗，担心预期效果达不到，对吗？"你把客户的疑虑全说出来，然后再给他提供一些解决方案，反而会让他放心。

应对方案三：注重售后的完善性

最后一个应对方案是注重售后的完善性。那些挑剔的客户都比较喜欢考虑后续服务的问题，甚至超过了产品本身，不会因为冲动消费而忘记后续的跟进。他们喜欢有始有终的服务，更看重的是买完东西以后能否得到相应的保障。所以，我们和客户沟通的时候，应当更加侧重呈现售后服务体系的完善性。如果现在的公司没有售后，或者售后体系没有那么完善，在面对这种客户的时候，你可以先对售后服务进行包装。

那么凭什么让客户相信你呢？

你可以给你的客户塑造一个核心点，告诉客户："我们的售后服务体系在今年搭建的时候耗费了巨资，公司今年的目的就是建立起良好的口碑。我们公司的营业额非常高，所以今年公司的基调并不侧重于业绩，而是想把售后服务的口碑做起来。所以，您跟我们合作的时候，唯独不需要纠结的问题就是售后服务，因为这是我们今年的主攻方向。"

10

总结

跟进客户"三板斧"

第一板斧："身份定义"，把自己当成风险规划师

你真的是销售人员吗

首先我来问大家一个问题，你是不是一个销售从业者？很多人听到这里肯定会说，我们做的当然是销售的工作。但实际上销售岗位本身的定义，和自己的定位有千差万别。这里我要讲一个我的亲身经历，也是我在刚开始做销售的时候踩过的坑。

最近几年我做了很多教育培训工作，给天南海北各个企业讲了近千场课程，所以我接触了大量的销售从业者。我能看得出来很多人很勤奋，就像我刚刚踏入销售行业时一样。大概十年前，我当时做软件推广，这个工作在那个年代还是很赚钱的。刚出社会的我希望通过自己的努力逆天改命，我的想法很简单，就是要比所有人更加努力，当我比所有人更加努力的时候，我就一定能成为最厉害的那一个。于是我拼命查阅各种资料，也会花钱去听所谓"销售专家"的课程，可是结果不尽如人意。

那个时候的我跟现在很多销售从业者的状态一样，加了客户的联系

方式以后，满脑子想着成交，每天拿着手机不放，生怕错过了客户的消息。结果所有客户都是差不多联系了第一次以后，基本上就石沉大海了，甚至当我再次联系一些客户的时候，发现他们早就跟别人合作了。这种情况让我产生了巨大的自我怀疑，认为自己可能真的不适合做这个行业，我相信很多朋友直到现在也会有这样的困惑。但是到了今天，近十年的销售生涯让我积累了相当充分的销售经验，如果能让我穿越回当初，我会对那个时候的自己说："别着急，先想清楚自己是不是销售人员，不要总想着成交。"

相信很多朋友听到这里会问，我们作为销售人员本来就以成交为导向，一心想着成交怎么就不行呢？再讲一个我的故事，当时我做的软件推广，跟股票有关系。我接触了一个当地的客户，他手里大概有400万元的资金。我们第一次联系时，他对我的态度非常不友好，甚至说像我这样的人他见多了，无非就是想赚他的佣金。不过，通过后期的跟进我了解到，他的很多钱都用来买了定期理财，而且越买越多，根本看不上我给他推荐的投资项目。

如果我继续跟他强行推荐我的产品，那么最终的结果一定是他对我很排斥。所以，我换了个思路跟他沟通，把周期放长。我打听到了客户说的那家理财公司，发现原来客户参与投资的那家公司非常不正规，随时可能跑路。晚上九点钟我得到了消息，晚上十点的时候我就给这个客户打电话，说："您这边投资的钱，尽快全部退出来，至少先保住本金。"

客户听到这里一头雾水，根本不相信我。经过三番五次的沟通，客户终于被我说动，同意先退出200万元本金。我说："您一定会感谢我的。"结果不到一个月，那家公司就倒闭了，幸亏客户提前拿出来200万元，否则本金就"全军覆没"了。客户听到这个消息的时候，没有去找那家公司，反而说必须见我一面当面感谢我。结果大家能够想象，他最后成了我的客户，并且这么多年过去了，我们还有联系。

通过这个事情，我对销售人员这个身份有了一个新的定义。传统意义上，我们把销售工作定义为"用简单的诱惑力试图说服对方做出购买的决定"，而真正顶级的销售的定义是"一切以客户的利益为出发点，试图帮客户解决或规避一些问题"。这两种身份定义天差地别。在传统销售人员的身份定义中，销售人员跟客户的关系是简单的买卖关系，这个身份没有办法让客户建立信任，因为销售绝对不是一次买卖那么简单。从那以后我不再把自己当成销售人员，而是当成"投资风险规划师"。

把自己当成风险规划师

销售人员这个身份跟产品相比，更像一个附属品。比如，你去超市买一块肥皂，或者你去商场买一件衣服，有没有必要指定到哪一个销售人员那里去买？如果我们把自己的身份定义成销售人员，我们就是产品的附属品，并没有那么重要。而且销售人员这个身份有一个不好的暗示，说明和客户的关系是敏感的、短期的，也只是以成交为目的的。我经常说"自古买卖两条心"，如果你把自己的身份定义为销售人员，那么你跟客户的关系就是买卖关系，中间并不会掺杂太多的感情因素。

有一篇消费心理学文章写道："天底下所有的成交无关于理性，所有的成交都来自感性。"如果你跟客户的关系只单纯地停留在买卖关系上，那就是典型的"在商言商"，哪里来的感性层面呢？我一直想告诉很多销售人员一个观点，就是不要总是抱着"一锤子买卖"的心态去对待任何客户。因为成熟的销售人员都清楚，销售人员提供的服务应该是长期的、随性的，就好像家庭保健师、心理咨询师、理财规划师，等等，你的这个身份应该跟客户的生活交织在一起。

保险行业的从业者叫作人生风险规划师，招生行业的从业者叫作学业规划师，考证行业的从业者叫作职业规划师，还有皮肤管理师、身材管理师、房产规划师和家庭理财规划师，等等。这些身份都跟客户的生活紧密相连，我们用这样的身份去跟客户交流，你会发现你说的每句话的出发点都不一样了，是非功利性质的。用这样的方式跟你的客户交流时，你所表达的内容往往都是客户想要听到的，因为你所说的一切都是以客户的利益为出发点。

类似"风险规划师"这样的身份实际就是给自己做的一种掩护，转化了你的出发点，脱离了自己与客户的利益关系。不去过多考虑自身的利益，一切从客户的利益角度出发，这才是这个身份给你带来的好处。所以，请读者朋友们记住一句话："销售是长期的事情，养成真正顶级的销售思维，其实就是一个放弃逐利的过程。"当你把客户的立场永远放在首位的时候，自己的利益也一定会随之而来。

举个简单的例子，我现在是做企业咨询的，很多客户跟我说："把价格报给我。"我会跟客户这样说："我今天过来主要是想先了解一下您目前遇到的问题，和您未来需要被满足的需求。我要做个详细的记录，您尽量说得详细一点。我会把您的这些问题带回公司，召集我们公司内部专业的工作人员，针对您的问题开一个研讨会，看看哪些问题我们能解决，哪些问题不能解决，我会随时跟您沟通。如果真的能解决，我们就再聊合作和价格的问题。因为对我来说，不管是一块钱的生意，还是十万块钱的生意，合作的前提一定是我能解决您的问题。不能解决问题的话，您花一分钱不也是浪费吗？所以我们今天就先聊聊您的问题。"

站在客户的角度说话

我刚刚所有的表述都并没有透露有关自己的任何利益,全程都围绕着客户的利益。并且我相信客户从这个话术中肯定能听得出来,我站在非功利的立场上。这样的表达,一方面可以缓解暂时无法报价的尴尬,另一方面也能展现我的目的是帮对方解决问题,这会在很大程度上给客户带来安全感。

比如,客户想买化妆品,通常情况下客户会问:"这个多少钱?"这个时候你就可以跟对方说:"化妆品分为很多种,效果都是比较明显的。不过现在最重要的不是价格问题,而是我要清晰地知道您想解决什么皮肤问题。如果不清楚您的需求就给您推荐产品,出了问题不仅仅会对您的皮肤造成伤害,我们也难辞其咎。关于价格的问题我们先不要聊了,还是先分析一下您的皮肤究竟出了什么问题。"

这样的表达依然从客户的问题角度出发,简单来说就是一切以解决客户的问题为重点,其他的都不重要,当然不重要里面也包括了"自身的利益"。这样你换来的就是客户对你的信任,而且你也能顺势了解到客户的需求,这是一举两得的事情。

第二板斧：如何恰到好处地挖掘客户需求

把握"你需要"原则

有一个原则，叫作"你需要"原则。我经常跟很多学员讲一句话："做销售就像医生开处方，你不做诊断就开药，那是渎职。"从某种程度上来说，我们销售人员就像医生一样。客户一定是带着需求来的，如果没有需求，他也不会跟你联系。既然客户来到我这里，我就必须先问问题。只有"挖"清楚客户的需求，在使用销售策略的时候，才会更加精准。

跟客户刚接触的时候，我们是陌生人的身份。陌生人之间很难暴露自己的隐私，比如你跟你媳妇闹情绪，你会轻易跟你的同事透露吗？答案当然是否定的，更何况是一个陌生人。为什么要"挖"需求？这里有两个原因：第一，需求涉及隐私，比如房产会涉及婚姻状况、资产情况、家庭结构。谁会把自己的资产告诉做理财的、做房产的？在一个销售人员面前暴露隐私，这在所有人眼里都是一件高风险的事情，他不想跟你透露其实是情理之中的事。但如果不知道对方有多少钱，你的产品推介就会很艰难。第二，客户不一定能意识到自己的需求，所以需要你去挖掘。

一个卖坚果的摊子前走来一个特别胖的女孩，这个女孩看着坚果欲言又止，销售人员就说："你可以尝一尝，这个非常好吃。"结果这个胖女孩说："我不能吃坚果，因为大夫让我减肥，我吃坚果容易发胖。"这个时候如果销售人员什么都不说，这个单子就没有了。所以，这个销售人员说了一段话："哪个医生告诉你说吃坚果一定会发胖呢？其实，坚果虽然含有脂肪，但都是优质脂肪，合理摄入并不会发胖。我接触过很多女孩，都特意来我这儿买坚果，也会在减肥餐中加入一点坚果。因为营养是需要均衡的，体内营养均衡更有利于你瘦身。"这样一来，这个胖姑娘就很可能会选择购买，因为你通过你的表达把坚果变成了她需要的东西，这个需求就是她自己没有意识到的，而且这种隐性需求在每个客户身上都存在。所以，我说要学会"挖"需求，也就不奇怪了。

这里的需求是对方的需求，所以你"挖"出来的需求应该是对方不可或缺的东西。如何把对方的需求和你的产品联系起来呢？我举个简单的例子，之前我去参加过某保险公司的答谢酒会，保险公司的销售模式是讲师先在台上讲解，讲解结束后销售人员就会跟客户坐在一起单独沟通。我看到一个女性销售人员这么跟客户说："阿姨，您刚刚听见老师在前面讲解的了吧？像您这个年龄段的阿姨们，都已经购买我们的产品了。您的情况我也大致了解了，我觉得我们的产品非常适合您。"

这几句话听上去并没有什么问题，但如果你从我们刚刚讲解的"你需要"这个原则的角度上来看，就会发现上述对话有巨大的问题。我们说的需求是谁的需求？"我觉得"是客户的需求吗？这显然是个错误的逻辑。如果想转换这样的逻辑，就要把"我觉得"换成"你需要"，这是挖掘客户需求的一个大前提。

"挖"需求有三种方法，第一种是讲自己遇到的真实案例，第二种是畅想未来，第三种是讲动人的故事。

虽然客户的情况千变万化，但我今天讲的这三种方法，基本适用于90%的客户。这个是通过大量的实操总结出来的，希望能帮助大家展开思路。

挖掘需求的方法一：讲案例

为什么要讲案例

男性和女性都可能从事保险销售工作，男性销售人员跟女性客户去讨论一些疾病的时候，会涉及一些卵巢囊肿、乳腺问题。你没有办法直接去跟她讲这个问题的时候，就需要讲案例，这是一个非常好的技巧。想让我眼前的客户怎么样，我案例里边的这个角色就应该怎么样。比如，在刚才讲的保险的例子里，我们面对一个女客户，不方便说女性隐私上的一些问题，我们可以做这样一个代入，跟她讲："我之前也认识一个大姐，这个情况我试着跟她也说过，你也应该怎样……"

讲案例有两个作用：第一个作用是能让客户放下心里的芥蒂，客户会觉得大家都一样，不需要尴尬；第二个作用是展现自己的专业能力。客户要的永远都是一个直接的、透明的、可靠的结果，他并不需要知道产品的专业内涵是什么。即便他向你问了相关的专业知识，对方也只是希望降低自己上当受骗的可能性。比如，如果我们是卖药的，你告诉对方这个药里边有什么成分，你觉得对方会懂吗？卖车的时候也是一样，你从专业的角度跟客户分析涡轮增压到底是怎么回事，客户同样听不懂。

所以，我们一定记住，在跟客户日常交流的时候，不需要说太专业的东西。但是在案例里面，我们一定要多去说自己专业的东西，体现自己的专业性。比如，面对客户的时候我们可以说："我遇到一个客户，由于对方一直不相信我，刚开始合作非常困难，最终他跟别的公司合作了。但是我作为专业的从业人员，知道这个行业的水很深。我没有成功劝阻他，结果他把所有的钱都亏进去了。"

在案例里，我们先要阐述一个既定的事实——不跟我合作对方吃亏了。这中间还要注意一个细节，就是对方没有听我的建议。这说明在案例里面，我做出了正确的判断，向客户传递"我很专业"的信息。

讲案例的要点

跟客户分享案例时，案例里面的人物一定要和我们的产品紧密相关。比如，我是卖课程的销售人员，面对客户的时候我不会直接切入产品，而是会说："您的公司大概有多少人？"他说："有30多人吧。"我说："那现在的业绩怎么样？"他说："业绩情况还行吧，也不是特别好。"

我就会跟他说："有一家公司大概也有30个业务人员，找到我的时候，公司业绩很烂，已经支撑不下去了。他们老总一直在跟我讲价，我知道他们可能无力支撑这样的费用。我觉得还是帮帮他们吧，当时就给他们做了培训，现在这个公司起死回生。你们公司跟那个公司情况很像，销售人员大概是什么样的水平，我也有基础的了解。如果你们进行这样的培训，我相信最终的结果要比那个公司好很多，这个事咱们可以去操作一下。"

我在讲这个案例的时候，有事件，有冲突，紧接着有自己的专业体现，而最终落脚点是眼前的客户。

案例也有正向和反向之分。比如美容行业，正向的案例可以这样讲：前两天有个大姐，她的皮肤情况和你的差不多，用了什么样的产品，最终达到一个什么样的效果。

我们还可以举反向的案例：如果你不听我的话，可能会有一个什么样的坏结果。比如，你可以说："前两天有个客户来我这里，他的皮肤状况比你的更糟糕，但是他不相信我的话，结果更严重了。"通过列举严重的案例，达到预期的效果。

挖掘需求的方法二：畅想未来

你要带着客户畅想未来，要把客户的梦想和追求都放在想象当中，并且最终引导到产品上面，用产品满足客户的需求。《超人总动员》里有个酷冰侠，他在往前飞的时候会先打出去一个冰花。其实在我眼里，他就是在畅想未来，因为他把每一步提前预判到了，我们引导客户畅想未来也是一样的。

有一次，我去大理旅游，回来的时候发现客户对大理非常感兴趣。我们应该怎么样把这几个事件，引到自己的产品上面？我会说："我一直想去大理，我觉得那个地方确实非常漂亮，那边的环境真的非常适合居住。您去过大理没有？您之前去过哪个城市，有没有打算退休以后去那里生活？"我会用这种小的问题，来引起对方的兴趣。说完之后，我会把话题拉回到投资，我说："您还有多长时间退休？现在把理财做好的话,到退休的时候,马上就能拿到这笔钱,都不需要您额外支出了。"

比如卖房子,你可以说:"您去过大理吗?我去了那里,感觉还不错。您有没有去过其他的城市,有没有打算退休之后买个房子?是自己现在住呢,还是做投资呢?"所有的行业都是一样的,先抛出自己的一个看法,然后再用这个看法引导客户的兴趣,挖掘他的隐藏需求,最终再回归到我们的产品。

再如卖保险,你可以说:"我现在手里边的资金在一般情况下够我用就可以了,因为我觉得钱放在手里一定是会贬值的,钱花出去才算是赚到。但是钱留得太少也不行,你必须有一些保障。我觉得人生最失败的不是穷,而是有一天看到自己的父母因为疾病倒下了,大夫说治疗费要50万元,但我们没有。所以保障必须有,不知道您现在有没有给自己做一些保障?"以上方法一定要灵活运用,引导对方往你希望的方向前进。

挖掘需求的方法三:讲故事

关于如何讲故事,我们在前文中已经重点强调过了。讲故事,也是挖掘用户需求的一个好办法。

这里我要说的,是一些动人的故事,在动人的故事中代入产品。比如,我会跟我的客户讲:"您知道李锦记吗?我家现在用的就是这个牌子的蚝油。李锦记其实是一个家族企业,迄今为止已经有134年的历史了。我们中国人总说'富不过三代',但您看李锦记,已经富了五六代了。我之前好奇他们为什么能富得这么长久,后来我发现,他们家特别会做投资,即便家族企业有风险了,也会保护好自己的个人资产。不管是家族企业，还是您自己的家庭，为自己的资金保驾护航都是最重要的事情。我们现在做投资必须选择一个稳定的产品，这是非常重要的。"任何一个行业当中都有这样的一个故事，可以是现在的故事，也可以是没有发生的故事。

接着，我们就可以和客户讲："您想象一下，您现在投了100万元，按照现在的收益率，两三年以后大概能赚50万元。到时您把100万元本金拿出来，用利润的50万元去做投资，那个时候，您做投资的心态都会不一样。"

所有行业要按照这个方向去往产品迁移，你不能直接跟客户讲："我跟您聊聊我们的产品。"这是一个非常低端的手段。你也可以根据客户的个人情况，给他设计一个故事。比如，像您这样年薪100万元的人，应该怎么做资产配比，人家就是这样做的资产配比，做得很成功，现在生活有多么美好，等等。

第三板斧：让客户最后选择你

客户和我聊了很长时间，结果最终选择了别人，这个问题很多销售人员都遇到过。客户毕竟不是专业人士，面对其他同行的时候，他们会有一定的盲从性。当客户嫌贵的时候，我会说："您嫌贵我能理解，因为作为消费者，花小钱办大事是很正常的一个思路。但是您想一下，人家公司几百个人夜以继日设计出来的产品，难道您以一己之力就能把钱省下来吗？羊毛出在羊身上，这个道理您一定懂。"你可以用一个现实的案例，打消客户想省钱的念头。

客户货比三家是常态，但是，如果在客户货比三家的过程当中，我们没有做出有效的应对，就会出现一个特别大的问题，叫作"不可控"。以下三种方法可以解决客户货比三家的问题。

第一种方法：主动对比

主动对比有两个操作方法，第一是做人的对比，第二是做表格对比。我之前遇到一个女客户跟我联系，她已经合作了一家公司，他们之间的合作很好，形势对我非常不利。她说让我先做一个培训方案，其实这个时候，她想拿着我的方案和其他公司对比。但是让她自己对比是不可控的，所以我要帮助对方去对比，我是这么说的："我是专业的从业人员，我帮您对比，可以节省您大量的时间和精力。要是您觉得我的对比做得不全面，您再去做也不迟。"

同样的道理，一个销售人员带客户看房子，看了半天之后，客户说想去其他的楼盘看一看，这时候销售人员可以说："其他楼盘的所有资料我都有，对于其他公司的情况我比任何人都清楚，而且我去评价别的公司会更加客观。所以，您先别着急走，我帮您把这几个楼盘做个对比。如果我做得不够全面，你再去看一看也不迟。"先主动把客户稳住，把主动权掌握在自己手里。

要记住，做对比要介绍市场上其他销售人员的做法，以及自己服务的客户的现状。你可以先说其他销售人员是怎么做的："合作与不合作这个事我没有办法掌控，但是有很多销售人员为了成交不择手段，我希望您能够有自己的判断。比如，有一个销售人员因为跟客户私下里签合同出事，跑路了。如果您遇到这样的销售人员，未来的服务谁来给你做？所以，您需要的是一个特别踏实的人。"这个时候，你再介绍客户跟你合作的状态、续费率、转介绍、收益率、客户对你的评价，等等。

如果你是卖房子的，你可以整理出几个表格拿给客户看。表格当中，A 楼盘是同行，B 楼盘是我方，要把面积、格局、物业等全部信息都写在上面，一定要做到清晰可见。对方的优势不能隐藏，我们的优势则要加亮加粗。

主动对比的重点是主动，当你主动的时候，选择权一定掌握在自己手里。我们一定要掌控对比的整个行为，客户货比三家的整个行动线必须掌握在我们手里。

第二种方法：抓漏洞

抓漏洞不是抓同行的漏洞，而是抓客户需求的漏洞。很多销售人员容易犯一个错误，他们总会讲："他们家的产品不行，他们家产品没有什么优势。"如果我们对客户说这样的话，客户会认为我们就是在抢客户。一个好的产品不用诋毁别人，只要拿出来自己的优势即可。而且产品的好坏是根据客户的需求来决定的，抓同行产品的漏洞，那叫诋毁。

当我的客户跟我讲别人家的产品怎么样时，我会说："您现在的需求是这个吗？这个功能对您的价值有多大？如果价值不大，等于没用。"

举个简单的例子，我的客户之前跟我讲："我之前看别家的培训方案，有一个员工执行力的板块。我觉得这个板块非常好，也非常适合我们员工，我公司的员工总是执行力不够。"这个时候我不能说，他们公司的培训老师水平低、没有服务，等等。我会说："他们公司的这个板块，在当下培训市场当中，绝对是一个亮点。我们公司之前的方案也有团队执行力的板块，但是我们发现员工听完这个课程后，短期之内很亢奋，过了三五天，大家又回到了原来的状态。'执行力'是个伪命题，执行力培训无非就是打鸡血，对企业没什么实质性的帮助。而且你们公司所有员工的销售经验都不丰富，技能提升才是最重要的环节，所有提升都应当建立在技能体系提升的基础之上。作为消费者，您有权利去选择您想要的，但是从专业的角度来讲，购买不适合的东西是在浪费资源。"我没有诋毁同行，而是抓住了客户需求的漏洞。同行产品的功能即便再好，只要不符合客户的需求，就会变成需求漏洞。

第三种方法：晒增量

晒增量就是展示客户的额外增量，告诉客户我能给他带来产品以外的价值，比如，如果我们有三甲医院的朋友，必须跟客户展现出来。因为人在一个城市里面，离不开医院方面的问题。想在大城市的医院挂个号比较难，所以有一个三甲医院的朋友，可以跟客户在无形当中展现出你的额外价值。比如，我会跟我的客户讲："即便不合作也没有关系，我们现在就是朋友了。将来有一天您用到我，我也会及时帮助您。"

如果我们希望在客户面前变得更加有价值，那么给对方提供他需要的社会关系，是十分有效的方法。当你的增量变多，客户黏性就会很高。提升增量的逻辑就是先人后事，让个人 IP 走在产品 IP 的前面。换一个思路，把我们的话术融入与客户的交流当中，形成我们的人设，把无形的关系变成有形的成交。